Franz Zimmermann

Das Archiv der Stadt Hermannstadt und der Sächsischen Nation

Franz Zimmermann

Das Archiv der Stadt Hermannstadt und der Sächsischen Nation

ISBN/EAN: 9783743458574

Hergestellt in Europa, USA, Kanada, Australien, Japan

Cover: Foto ©ninafisch / pixelio.de

Franz Zimmermann

Das Archiv der Stadt Hermannstadt und der Sächsischen Nation

DAS ARCHIV

DER

STADT HERMANNSTADT

UND DER

SÄCHSISCHEN NATION.

VON

FRANZ ZIMMERMANN,

ARCHIVAR.

HERMANNSTADT 1887.
VERLAG DES ARCHIVES.

Vorwort.

Als die Stadt Hermannstadt in dem Jahre 1545 das jetzt noch als Rathhaus dienende Gebäude ankaufte, zog in dasselbe mit dem Rath der Stadt auch das Archiv der Stadt Hermannstadt und der sächsischen Nation ein. An diesem sicheren Ort ist das Archiv geblieben bis auf den heutigen Tag, durch stürmische Zeiten hindurch stets sorgsam behütet von Hermannstadts Bürgerschaft. Was durch Jahrhunderte für Ordnung und Besorgung des Archives geschehen ist, muss die Nachwelt dankbar anerkennen als ein Werk der Beamten und der Stadtvertretung von Hermannstadt. Letztere bot auch willig die Hand dazu, als vor mehr als zwanzig Jahren die Begründung einer neuen Archivverwaltung in's Auge gefasst wurde, welche von der Stadtvertretung in einmüthigem Zusammenwirken mit der sächsischen Nationsuniversität eingerichtet worden ist.

Die neue Anordnung und Aufstellung der Archivalien liess die Abfassung einer Uebersicht über den Inhalt des Archives als ein dringendes Bedürfniss erscheinen, da keine ähnliche Arbeit über das Archiv weder im Druck noch handschriftlich vorlag. So wurde die erste Uebersicht über den Inhalt des Archives der Stadt Hermannstadt und der sächsischen Nation im Jahre 1877 von Unterzeichnetem ausgearbeitet und bald darauf durch den Druck weiteren Kreisen zugänglich gemacht (Dr. Franz von Löher, Archivalische Zeitschrift III. 164 ff. und IV. 237 ff. Stuttgart 1878 und 1879). Ein Verzeichniss der in dem Archiv vorhandenen Wirthschaftsrechnungen der Stadt Hermannstadt hat in das Archiv des Vereins für siebenbürgische Landeskunde (Neue Folge XVI. 629 ff. Hermannstadt 1881) Aufnahme gefunden.

Indem seither die einzelnen Archivabtheilungen verschiedene Bereicherungen erfahren haben, und über einige Archivalien-Gruppen Verzeichnisse neu angelegt worden sind, ist die Ausarbeitung einer neuen Inhaltsübersicht zunächst für amtliche Zwecke nothwendig geworden.

Mit Zustimmung der Vertretungskörper der beiden Eigenthümer des Archives, der löblichen Stadtvertretung von Hermannstadt und der löblichen sächsischen Universität, und auf Kosten der Archivdotation wird dieser neue Führer durch das Archiv hiemit der Oeffentlichkeit übergeben.

Hermannstadt, 2. December 1886.

F. Z.

Inhalt.

I. **Urkunden**	Seite 1
A. 1290—1526	2
a) Urkunden und Briefe weltlicher Personen und Korporationen	2
1. Ungarn und Siebenbürgen	2
2. Oesterreich	10
3. Walachei	10
4. Moldau	10
5. Schlesien	11
6. Bayern	11
7. Elsass	11
b) Urkunden und Briefe geistlicher Personen und Korporationen	11
Rechnungsbücher und Bruchstücke aus solchen bis 1526	13
Sonstige Archivalien bis 1526	14
B. 1527—1700	15
a) Urkunden und Briefe weltlicher Personen und Korporationen	15
1. Ungarn und Siebenbürgen	15
2. Oesterreich	22
3. Walachei	23
4. Moldau	23
5. Türkei	23
6. Polen	23
7. Bayern	23
8. Württemberg	23
9. Sachsen	24
10. Brandenburg	24
b) Urkunden und Briefe geistlicher Personen und Korporationen	24
1. Evangelische Kirche	24
2. Katholische Kirche	24
II. **Akten**	Seite 26
1. Hermannstädter Magistrats- und Universitäts-Akten	26
2. Hermannstädter Magistrats-Akten	26
3. Hermannstädter Kommunitäts-Akten	26
4. Universitäts-Akten	27
5. Komitiats-Akten	27
6. Hermannstädter Komitats-Akten	27
III. **Protokollbücher**	28
1. Hermannstädter Rathsprotokollbücher	28
Sitzungsprotokolle	28
Einreichungsprotokolle	30
Indices	30
2. Hermannstädter Kommunitätsprotokollbücher	31
3. Protokollbücher des Filialstuhles Szelistye	31
4. Protokollbücher des Filialstuhles Talmesch	32
5. Die Protokolle der sächsischen Nationsuniversität	32
Sitzungsprotokolle	32
Gedruckte Sitzungsprotokolle	35
Einreichungsprotokolle	37
Indices	37
6. Protokollbücher des sächsischen Komitiates	37
7. Geschäftsbücher der sächsischen Nationalbuchhaltung	37
8. Hermannstädter Komitatsprotokollbücher	37

	Seite
9. Siebenbürgische Landtagsartikel und -Protokollbücher	38
10. Theilungsbücher	47
a) Theilungsbücher der Stadt Hermannstadt	47
b) Theilungsbücher des Hermannstädter Stuhles	51
11. Hermannstädter Nachbarschaftsbücher	52
12. Hermannstädter Zunftbücher	54
Urbarien und Konskriptionen	57

IV. Rechnungsbücher 59

Konsularrechnungen	59
Sonstige verschiedene Rechnungsbücher	64
Hermannstädter Stadtkassa-Rechnungen	66
Rechnungsbücher der Fogarascher Kasse, Universitätskasse und Siebenrichterkasse	66
Wirthschaftsrechnungen der Stadt Hermannstadt	66
1. Stadthannen-Rechnungen	67
2. Alaun-Rechnungen	70
3. Almosen-Rechnungen	70
4. Arbeits- und Vorspanns-Rechnungen	73
5. Bau-Rechnungen	74
6. Bilanz-Ausweise	76
7. Brauhaus-Rechnungen	76

	Seite
8. Holz-Rechnungen	78
9. Kalk-Rechnungen	79
10. Kirchen-Rechnungen	80
11. Kupferhammer-Rechnungen	82
12. Licht-Rechnungen	82
13. Magazin-Rechnungen	82
14. Mühlstein-Rechnungen	85
15. Quartier-Rechnungen	85
16. Salpeter-Rechnungen	87
17. Spital-Rechnungen	87
a) Bürgerspital-Rechnungen	87
b) Militärspital-Rechnungen	88
18. Straf-Rechnungen	89
19. Waag-Rechnungen	90
20. Wein-Rechnungen	91
a) Weinaccise und Schanktaxen	91
b) Weinerträgniss aus Besitzungen	91
21. Zuchthaus-Rechnungen	91
22. Zwanzigst- und Dreissigst-Rechnungen	92
a) Zwanzigst-Rechnungen	92
b) Dreissigst-Rechnungen	93
Geschützrechnungen	93

V. Handschriften	94
VI. Repertorien	104
VII. Gesetzbücher	106
VIII. Handbibliothek	108
IX. Bestimmungen über die Benützung des Archives	116

Als Archiv des Vorortes (der Metropolis) der „Provincia Cibiniensis" oder der „Septem sedes", nämlich der Stühle Hermannstadt, Schässburg, Mühlbach, Grossschenk, Reps, Reussmarkt, Leschkirch, Broos, dann weiter der gesammten sächsischen Nation in Siebenbürgen, also auch der Stühle Mediasch und Schelken und der Distrikte Bistritz und Kronstadt, hat das Hermannstädter Archiv nicht nur die lediglich auf die Stadt Hermannstadt Bezug habenden, sondern selbstverständlich auch diejenigen Schriftstücke aufgenommen, welche die Hermannstädter Provinz oder auch das ganze Sachsenland betrafen und unter der Adresse Hermannstadts einlangten, natürlich auch die Stadt selbst in hervorragender Weise mitberühren.

Der ganze Archivbestand wird hier nach folgenden sechs Hauptgruppen besprochen: I. Urkunden (im weiteren Sinne des Wortes), II. Akten, III. Protokollbücher, IV. Rechnungsbücher, V. Handschriften, VI. Repertorien. Daran wird sich schliessen eine Uebersicht der (VII.) Gesetzbücher und der (VIII.) Handbibliothek des Archives, endlich Mittheilung der (IX.) Bestimmungen über die Benützung des Archives zu wissenschaftlichen und anderen privaten Zwecken.

I. Urkunden.

Die Abtheilung der Urkunden (vormals durch „Instrumenta litteralia" jetzt abgekürzt durch: U bezeichnet) umfasst 6530 Nummern, begreift aber nicht nur die Urkunden im diplomatischen (engeren) Sinne des Wortes, sondern auch die Briefe, dann mittelalterliche Rechnungen und Steuerregister, Landtagsartikel (Gesetze), Statute der Stadt und Verhandlungen der Stadtvertretung (Kommunität) und des Magistrates von Hermannstadt, richterliche Entscheidungen u. A. m. aus den Jahren 1292—1700. Der Uebersichtlichkeit halber theile ich diesen Zeitraum in zwei Perioden: A. Die Zeit der ungarischen Königsherrschaft: bis 1526, — und B. die Zeit der siebenbürgischen Fürstenherrschaft, einschliesslich die Zeitdauer des Ferdinand-Zapolya'schen Thronstreites und die ersten 9 Jahre der Herrschaft des Hauses Habsburg über Siebenbürgen: bis 1700. Der ersten Periode

A. 1290—1526

gehören 1800 Stücke an, unter welchen sich 611 ungarische Königsurkunden, und zwar 575 Originale und 36 Kopien, dann über 1100 anderweitige Urkunden und Briefe, Rechnungen, Steuerregister u. A. befinden. Zunächst sei der Urkunden und Briefe und da wieder zuerst der von Weltlichen, nach Ländern geordnet, dann der von Personen und Korporationen des geistlichen Standes, entsprechend der hierarchischen Stufenleiter, gedacht. Weiter sollen Rechnungen, Steuerregister und sonstige Archivalien, welche in dieser Abtheilung eingelagert sind, besondere Erwähnung finden.

a) Urkunden und Briefe weltlicher Personen und Korporationen.

1. Ungarn und Siebenbürgen.

An erster Stelle sind die ungarischen Königsurkunden zu nennen, deren ältestes Original auf Pergament aus dem Jahre 1306 von K. Otto datirt, während die älteste Königsurkunde auf Papier, zugleich die älteste Papierurkunde des Archivs überhaupt, aus dem Jahre 1359 von K. Ludwig I. stammt. Das älteste Insert (Transsumpt) ist eine Urkunde König Andreas II. von 1223, und die älteste Königsurkunde, welche in einem im Archiv verwahrten Stück citirt erscheint, ist eine Urkunde K. Emerichs von 1203. Der ganze Bestand des Archives an Königsurkunden, Originale wie Inserte (Transsumpte), ist:

Name des Königs, bez. der Königin	Originale auf Pergament	Originale auf Papier	Inserte	Kopien	Zusammen
Andreas II.	—	—	2	—	2
Stephan V.	—	—	3	—	3
Ladislaus IV.	—	—	1	—	1
Andreas III.	—	—	1	—	1
Otto	1	—	—	—	1
Karl	2	—	6	—	8

Name des Königs, bez. der Königin	Originale auf Pergament	Originale auf Papier	Inserte	Kopien	Zusammen
Ludwig I.	15	6	7	—	28
Elisabeth	1	1	—	—	2
Maria	2	1	4	—	7
Sigmund	48	18	15	6	87
Barbara	2	—	—	—	2
Albert	1	1	—	—	2
Wladislaus I., König von Polen	1	3	—	—	4
Ladislaus V. Posthumus	6	20	2	2	30
Mathias	16	124	24	13	177
Beatrix	—	2	—	—	2
Wladislaus II.	13	205	5	10	233
Anna	—	1	—	—	1
Ludwig II.	1	83	—	5	89
Maria	—	1	—	—	1
Zusammen	109	466	70	36	681

An K. Otto's Urkunde von 1306, wodurch die von K. Stephan V. 1272 und Andreas III. 1299 der Abtei Kerz verliehenen Freibriefe konfirmirt werden, reiht sich von König Karl die Konfirmation des Andreanischen Freibriefes (von K. Andreas II. 1224 den Sachsen ausgestellt) vom Jahre 1317, die in noch acht landesfürstlichen Bestätigungsurkunden, von K. Ludwig I., Maria, Sigmund (2), Mathias, Wladislaus II., Ferdinand I. und dem Fürsten Gabriel Bethlen im Archiv aufbewahrt wird. An diese schliesst sich chronologisch noch eine Urkunde Karl's für die Abtei Kerz, von 1339.

Ludwig I. ist vertreten durch eine Anzahl Privilegien für die Hermannstädter Kaufleute, welche bereits damals einen ausgedehnten Handel trieben nach Polen, Grosswardein, Ofen, Wien, Prag, Zara und Venedig, ferner durch die Konfirmation des Andreanischen Freibriefes vom Jahre 1366; im Jahre 1370 nimmt Ludwig Kenntniss von der Erbauung der Feste Landskron durch die Sachsen, jene Getreuen, „quibus signanter confinia et finitimae partes regni velud sublimibus columnis fulciuntur", und spricht dieselben von weitern Dienstleistungen zu diesem Baue frei, zugleich ihre Verdienste um Krone und Reich weiter mit den Worten anerkennend: „Ideo nos huiusmodi fidelium Saxonum nostrorum fidelitates et servitia, quas et quae iidem ad nos et ad sacrum nostrum diadema semper habuerunt et habent de praesenti gratas habentes . . ."

Königin Elisabeth urkundet 1382 für die Hermannstädter Kaufleute. Königin Maria bestätigt 1383 das „Andreanum" und urkundet 1386 für die Hermannstädter Bürger und Kaufleute. Von König Sigmund führe ich vor: Die Konfirmationen des Andreanums, eine Urkunde von 1395 für Marienburg bei Kronstadt, zahlreiche Schutzbriefe für die Hermannstädter Kaufleute, unter welchen mehrere vom Bürgermeister Johann Ferl ausgewirkt; weiter Aufträge an die Sachsen der „Provincia Cibiniensis" (genannt kurzweg: septem sedes, nämlich eigentlich: Cibinium et septem sedes) sie sollen die Bewohner der Kerzer Besitzungen Kreuz, Meschendorf und Klosdorf gegen die Bedrückungen des Abtes von Kerz in Schutz nehmen; von 1424 ein Schutzbrief für Hermannstadt und aus demselben Jahr die Verleihung der Propstei des heiligen Ladislaus und ihrer Güter Reussen, Gross- und Kleinpropstdorf, Bulkesch und Seiden an die Stadt Hermannstadt. 1427 urkundet K. Sigmund über die Hattertgrenze von Rothbach und Marienburg, 1432 stellt er Hermannstadt und den 7 Stühlen einen Schutzbrief aus gegen die Bedrückungen durch den Woiwoden Michael Chaak, wie auch 1435 und 1436, während er 1435 auf Bitten des Bürgermeisters Jakob die im Jahr 1424 erfolgte Verleihung der Güter der Propstei des h. Ladislaus mit dem neuen Siegel bestätigt und durch mehrere Urkunden aus den Jahren 1426 und 1435 die Steuerzahlung der Sachsen der sieben Stühle bestimmt.

Albert, römischer Kaiser und König von Ungarn, sichert 1439 den Bürgern und Einwohnern von Hermannstadt zu, sie sollen nicht vor fremde Gerichtshöfe geladen und ihre Waaren und Güter nicht mit Beschlag belegt werden, da nur ihre eigenen Richter dazu kompetent seien.

K. Wladislaus I. bestätigt 1441 den Sachsen der sieben Stühle die von den Königen Geysa, Andreas II., Karl, Ludwig und Sigmund gewährte Zollfreiheit und Sicherheit des Handelsverkehrs. K. Ladislaus V. Posthumus urkundet 1453 und 1456 mehrmals zu Gunsten der sächsischen Kaufleute aus den 7 Stühlen. Im Jahre 1453 wird den Sachsen der 7 Stühle das Recht bestätigt, sich an bestimmten Jahrtagen von Salzburg Kleinsalz holen zu dürfen. In demselben Jahre wird den Sachsen von Hermannstadt und den 7 Stühlen gemäss königlichen Privilegs das Recht zuerkannt, bei urkundlichen

Ausfertigungen eines rothen Siegels sich zu bedienen. „considerantes et attendentes" — heisst es in der Urkunde — „fidelissima vestra obsequia fidemque puram et affectionem ad nos servatam, quibus condam serenissimorum principum dominorum Sigismundi imperatoris avi et Alberti regnum Hungariae patris nostrorum carissimorum ac etiam a primaevi natalis nostri ortus temporibus intra multas regni et regnicolarum dissensiones ac turbines, inter quas videlicet nos orbatam parentibus infantiam aetatemque apud alienam educationem agebamus per continuum successum magna et varia gravamina, insultus insuper duros a saevis Teucris sustulistis et proelia strennua contra eosdem pro vestrae patriae tutela gessistis nostrae maiestati et sacrae regni nostri Hungariae coronae usque ad hos regiminis nostri dies constantissime adhaerentes placere et complacere studuistis . . ." Das Talmescher Gebiet, einschliesslich Landskrone, Rothenthurm, Lauterburg und die zugehörigen Ortschaften und Prädien, wird 1453 den Sachsen der 7 Stühle verliehen und wenige Wochen später werden den Sachsen der 7 und 2 Stühle, des Burzenlandes und von Klausenburg und Alvincz in Berücksichtigung ihrer „laudanda meritorum et fidelitatum obsequia strennuaque gesta et opera, quibus a retroactis temporibus sicuti a certo didicimus sacrae regni nostri Hungariae coronae avoque et genitori nostris in variis exercitualibus expeditionibus contra saevos Teucros Christi fidei aemulos cum quam plurimorum fratrum et consanguineorum vestrorum nece et sanguinis effusione studuistis complacere" ihr Gebiet gesichert und ihre alten Freiheiten gewährleistet. 1456 wird dem vom benachbarten Adel geschädigten Sachsenboden im Leschkircher, Hermannstädter und Reussmärkter Stuhl der königliche Schutz und Untersuchung der Beschwerden zugesagt.

K. Mathias stellt 1459 den sächsischen Kaufleuten mehrere Freibriefe aus, erklärt ferner, dass die Sachsen nicht der Gerichtsbarkeit der Woiwoden oder Vicewoiwoden, sondern nur ihren eigenen Richtern unterstehen, und erneuert das Recht des Bezuges von Salz aus den königlichen Gruben in Salzburg, welches Recht auch 1468 und 1472 wieder bestätigt wird. In demselben Jahre, 1459, vereinigt K. Mathias das von dem Verband der 7 Stühle widerrechtlich losgelöste Broos wieder mit denselben. Im Jahre 1464 erhalten die Hermannstädter Bürger das Recht, den Königsrichter und Comes (iudicem seu comitem regium) zu wählen, worauf in demselben Jahre von ihnen die Entsendung schweren Geschützes nach Thorda gefordert und ihnen die Erzeugung von Pulver und Büchsen aufgetragen wird. Drei Jahre später bietet Mathias die Sachsen gegen die Türken auf und ermahnt sie, sich kriegsbereit zu halten. Im Jahre 1469 erfahren die Hermannstädter vom Könige selbst, dass er Böhmens Krone angenommen habe. Bürgermeister, Senioren und Geschworne der 7 Stühle werden im selben Jahre zum Aufsichtsrath über den Kerzer Abt bestellt, in eben dem Jahre den 7 und 2 Stühlen (der Hermannstädter Provinz und den Stühlen Mediasch und Schelken) die freie Königsrichterwahl „nach alter Sitte" zugesichert und 1470 den Plebanen der 7 Stühle untersagt, sich in weltlichen Dingen die Gerichtsbarkeit anzumassen. Die königliche Schenkung der Gebiete von Fogaras und Hamlesch mit Grossdorf (Szelistye) nebst allen dazu gehörigen Dörfern und Nutzniessungen an die Hermannstädter und die 7 Stühle datirt von 1472 und wird durch eine Urkunde auf Pergament vom Jahre 1483 konfirmirt. 1474 und 1477 wird die Vereinigung der Abtei Kerz sammt allen ihren Gütern und Besitzungen mit der Propstei zur heiligen Jungfrau Maria in Hermannstadt ausgesprochen. Nach dem verödeten Wissegrad, „ut locus ille egregius, qui maiestati nostrae gratissimus est, bonis habitatoribus incolatur", sucht Mathias Sachsen zu ziehen, indem er 1474 desshalb an die 7 und 2 Stühle schreibt. Eine bedeutende Anzahl von Urkunden beziehen sich auf die Steuerleistungen der Sachsen, auf den Grosswardeiner Zoll und auf den Handelsverkehr der sächsischen Kaufleute durch Ungarn. Ein Stück von 1476 erklärt die Egreser Abteibesitzungen Donnersmarkt, Scholten, Abtsdorf und Schoresten als zu den 7 Stühlen gehörig, und 1486 wird das Andreanum von K. Mathias konfirmirt. Im Jahre 1489 urkundet K. Mathias zweimal zu Gunsten der Brooser Deutschen, welche sich über Bedrückungen seitens der königlichen Kastellane von Hunyad beschwert hatten.

Beatrix, König Mathias' Gemahlin, fordert 1489 von den Sachsen Wagen und Reitpferde und im Jahre 1490 Subsidiengelder.

Wladislaus II. benachrichtigt 1490 die Sachsen von seiner Erwählung zum ungarischen König und ladet sie ein, zur Krönung Deputirte zu entsenden. Eine königliche Urkunde von 1491 ruft die Sachsen zur Vertheidigung des Reiches unter die Waffen, eine andere fordert schleunigste Steuerzahlung, während eine dritte aus demselben Jahre dem Hermannstädter Rath die Kunde bringt, dass zwischen ihm und dem römischen Kaiser und dessen Sohn Friede geschlossen sei. Erwähnt seien nun eine Reihe von Bestätigungsurkunden, so wird 1493 die Sigmund'sche Verleihung der Propstei des heiligen Ladislaus und ihrer Güter Reussen, Gross- und Kleinpropstdorf, Bulkesch und Seiden an die Bürger von Hermannstadt und das Andreanum konfirmirt, 1494 der Rath von Hermannstadt im Besitz der Abtei Kerz bestätigt und K. Mathias' Urkunden konfirmirt, in welchen die Vereinigung der Kerzer Abtei mit der Hermannstädter Propstei ausgesprochen worden war. „Vehementissime et magis quam dici queat", bedarf der König 1494 sächsischen Geldes und fordert Subsidiengelder von den Sachsen; ähnlich 1495 und öfter in den folgenden Jahren. Eine ganze Reihe von Urkunden betrifft die zum Verband der 7 Stühle gehörigen Egrescher Abteibesitzungen Donnersmarkt, Scholten, Abtsdorf und Schoresten, welche sich über Erpressungen seitens des Adels aus dem Kokelburger Komitate beklagten. 1496 urkundet K. Wladislaus für Broos, welches gegen den Kastellan von Hunyad, Johann Bykly, Klage führt. Mehrfache Aufträge ergehen an die Woiwoden, die Sachsen gegen die Diebstahl, Raub und Plünderung ausübenden Walachen in Schutz zu nehmen. Durch Intervention Hermannstadts bekommt 1500 Heltau das Recht, zwei Jahrmärkte abhalten zu dürfen. Was schon lange zu Recht bestand, wird neuerdings durch das Wort des Königs bekräftigt, indem im Jahr 1504 die ehemaligen Besitzungen der Abteien Egres und Kerz, die Besitzungen der Hermannstädter und Schässburger Kirche, dann der Stadt und Kirche Kronstadt, ferner die VII Richter-Herrschaften (d. h. die Hermannstadt und den 7 Stühlen gehörigen Herrschaften) Hamlesch und Talmesch als völlig frei von der Steuerleistung im Mittel des Adels erklärt werden, welches betreffend die der Hermannstädter Kirche eigenthümlichen Besitzungen noch besonders in einer Urkunde von 1508 wiederholt wird. Gleichfalls nur altes Recht bestätigend wird in zwei Stücken von 1511 und 1514 ausgesprochen, dass die Sachsen nicht verpflichtet seien, vor dem Woiwodalgericht zu erscheinen. Neben einigen königlichen Landtag-Einberufungsschreiben nenne ich noch 2 Urkunden aus dem Jahr 1515, womit den Gemeinden Alvincz und Borberek alle Rechte und Freiheiten, deren sie sich gemäss älterer königlicher Privilegien gleich wie die Städte der sieben Stühle erfreuen sollten, bestätigt werden.

Von Ludwig II. sind sehr viele Urkunden über die Steuerleistungen der Sachsen erhalten, darunter aus dem J. 1524 allein fünf Stücke betreffend den Martinszins. Ansehnliches Material bezieht sich auf die Münzprägung in Hermannstadt; 1519 bestätigt Ludwig für Althumperg und Perenseyfen (Körösbanya und Kisbanya) die Urkunde König Sigmunds von 1427 betreffend die Befreiung der dortigen Bergleute von Abgaben, und 1526 urkundet er zu Gunsten der Hermannstädter Kaufleute.

Die Gemahlinen der Könige Wladislaus II., Anna, und Ludwig II., Maria, sind durch je eine Urkunde aus dem Jahre 1504, beziehungsweise 1525, vertreten.

An die ungarischen Königsurkunden werden sich sachgemäss am besten die, meist während der Minderjährigkeit der Regenten, von den Gubernatoren oder Reichsverwesern ausgefertigten Urkunden anreihen lassen. Johann von Hunyad urkundet während der Minderjährigkeit K. Ladislaus V. Posthumus als Gubernator von Ungarn (1446)[1], Michael Zylagy de Horogzeg als Gubernator von Ungarn (1458) und dann als Erbgraf von Bistritz und Gubernator von Siebenbürgen (1460). Stephan de Bathor als Palatin „et in absentia regiae maiestatis locumtenens" (1522), Emerich Zapolya als Gubernator von Bosnien (1464).

Mehrere Palatine, darunter Stephan de Zapolya, Erbgraf der Zips, Emerich de Peren (1509), Stephan de Bathor (1522), und Reichsoberrichter (indices curiae), darunter Stephan de Bathor 1486 über die Westgrenze des Brooser Stuhles von Tordas bis Varosviz, sind durch zahlreiche Urkunden vertreten.

Von den siebenbürgischen Woiwoden ist eine stattliche Reihe von Urkunden erhalten. Sie beginnt mit dem Woiwoden Ladislaus von Zonuk (1385); es folgen Urkunden der Woiwoden Emerich Bubek, Frank von Zonuk, Stibor, der beiden Nikolaus, Jakob Laczk, Johann von Hunyad, Johann Pongracz, Johann von S. Georg und Bozyn, Blasius Magyar (1473). Gereb von Vingard (1478), Stephan Bathor, Ladislaus von Losoncz, Bartholomäus Dragfi von Belthewk, Peter von Sankt Georg und Bozyn und Johann Zapolya (1511. König 1526).

Vicewoiwoden: Johannes (1371), Lorand Lepes, Sigmund von Sarthwan, Johann von Zerdahel, Nikolaus der Aeltere von Wyzakna, Dominik Bethlen (1469), Stephan von Telegd (1487), Nikolaus Hagymasi (1494), Ladislaus Scherthinger, Leonhard Barlabassi (1507), Nicolaus Thwroczy (1512) und Stephan Zanyzloffy de Bathor (1521).

---

[1] Das in Klammer beigesetzte Jahr ist, wenn nichts Anderes bemerkt ist, das Inkarnationsjahr des ältesten von dem betreffenden Aussteller herrührenden Stückes.

Ferner sind Urkunden vorhanden von Barnabas, „banus Zewrensis" (1510), vom Temeser und Salzkammergrafen Pipo von Ozora, vom Temeser Vicecomes Balthasar, vom Zalaer Obergespan Nikolaus von Kanisa, vom Raaber Obergespan Stephan von Rozgon, von Johann von Hunyad und Michael Zylagy de Horogzeg als Erbgrafen von Bistritz, von Grafen der Szekler, Reichsschatzmeistern, Oberstthürhütern, verschiedenen Ober- und Vicegespanen, königlichen Gesandten, Kammergrafen, Kämmerern, Kastellanen, Zoll- und Steuerbeamten u. s. w.

Bedeutendes Urkundenmaterial liefern auch die Landstände, einzelne Städte und Municipalbeamte. Das Archiv birgt u. A. die Unionsurkunden von 1437, 1459 und in gleichzeitiger Kopie die von 1506. Die Gesammtvertretung des Sachsenlandes (universitas Saxonum),[1] nämlich von Hermannstadt, Leschkirch, Schenk, Reps, Schässburg, Reussmarkt, Mühlbach, Broos, Mediasch, Schelken, Kronstadt mit dem Burzenland und Bistritz, dann die „sieben und zwei Stühle" (septem et duae sedes: Hermannstadt, Leschkirch, Schenk, Reps, Schässburg, Reussmarkt, Mühlbach, Broos, Mediasch und Schelken), die „sieben Stühle" (septem sedes: die ebengenannten ohne Mediasch und Schelken) — hierher gehört die Zunftordnung der sieben Stühle vom Jahre 1376 — die „zwei Stühle" (duae sedes: Mediasch und Schelken), endlich die Hermannstädter Stuhlsversammlung erscheinen als Aussteller von Urkunden. Der Hermannstädter Rath urkundet 27mal, wovon das älteste Stück, eine Urkunde auf Pergament aus dem J. 1292, das Hermannstädter Spital betrifft. Ich nenne weiter den Rath von Kronstadt, welcher im J. 1429 deutsch urkundet (dies das älteste siebenbürgisch-deutsche Stück des Archives), den Rath von Schässburg, von Mediasch, von Broos, von Mühlbach (1487), Richter und Geschworene von Reps (1481), von Schenk (1508), Richter und geschworne Bürger von Kleinschelken (15. Jahrhundert), Hann und Geschworene von Agnethlen (1504), die Kommunitäten (Gemeindevertretungen) von Alvincz und Borberek (1510), Richter und Geschworene von Alvincz, von Klausenburg, von Tövis (1468), von Nagybanya (1468), von Feigendorf (Mikeszasza), Richter und Rath von Ofen, Richter und Ge-

---

[1] Siehe: Akten und Daten über die gesetzliche Stellung und den Wirkungskreis der sächsischen Nationsuniversität. Im Auftrage der löbl. sächsischen Nations-Universität zusammengetragen von Gustav Seiwert. Hermannstadt, 1870. 8. VIII, 151 Seiten.

schworene von Grosswardein (1464), von Temesvar (1498), von Rekas im Banat (1504), von Szegedin (1496).

Unter den von einzelnen Personen ausgestellten Stücken sind zu erwähnen die Urkunden sächsischer Bürgermeister, Königsrichter, Gräfen und endlich Briefe von Abgeordneten der sächsischen Nation an das ungarische Hoflager.

Von deutschen Stücken hebe ich hervor die schon erwähnte Urkunde Kronstadts vom Jahre 1429, Symon Roth von Klausenburg (1489). Königsrichter Laurencius Han (1492 und 1493), Michael Pixemeister an die Hermannstädter (1494), Sophia von Waldstein, Gräfin von Sankt Georg und Bozyn (1500), einige Hermannstädter Bürger (1500), Laurencius Tynk von Noessen (1509), Rath von Kremnitz (1525), Jorg Weselin von Schorndorff in Würtemberg, als Apotheker in Hermannstadt (1525), Markus Pemfflinger (1526).

2. Oesterreich.

Der oesterreichische Herzog Wilhelm urkundet 1401 und 1404 zu Gunsten der Hermannstädter Kaufleute, beide Stücke in deutscher Sprache. Bürgermeister und Rath von Wien sind im Archiv vertreten, so auch Rupert Tannhofer, deutscher Ordenshausmeister zu Wien (1475), der Wiener Goldschmied Hanns Reich an den Hermannstädter Rath (deutsch. 1510).

3. Walachei.

Urkunden der Woiwoden Wlad (1457), Radul (1467), Wladislaus Dragwlya (1475). Bazarab (1476), Wlad (1492), Radul (1498), Michna (1508). sowie dessen Wittwe Woyka (1511), Wlad (1510), Bozorab (1512) und Radul (1525) sind, in summa 35 Stück, vorhanden, einschliesslich der beiden vorfindlichen Stücke der Wittwe Woyka.

4. Moldau.

Nicht so rege wie der Verkehr zwischen Hermannstadt und der Walachei im 15. und zu Anfang des 16. Jahrhunderts stellt sich aus dem überkommenen Urkundenmaterial der Verkehr mit der Moldau dar. Das Archiv verwahrt nur 4 moldauische Urkunden, nämlich eine Urkunde des Woiwoden Elias (1433) und 3 des Woiwoden Bogdanus (1505).

5. Schlesien.

wird durch eine Urkunde Emerich Chobor's, des Gubernators des Herzogthums Troppau (1512), und eine deutsche Urkunde der Breslauer Goldschmiedezunft (1515) repräsentirt. Aus

6. Bayern

ist ein Stück zu nennen, vom Rath von Erding 1499 in deutscher Sprache ausgefertigt.

7. Elsass.

Vom Strassburger Buchdrucker Jorg Hanssner ist ein deutscher Brief vorhanden aus dem Jahre 1501.

---

b) Urkunden und Briefe geistlicher Personen und Korporationen.

Wie schon bemerkt, werden die Stücke dieser Unterabtheilung nach den Ausstellern entsprechend der hierarchischen Stufenleiter aufgeführt, demnach mit den päpstlichen Urkunden der Anfang gemacht. Diese sind: von Papst Johann XXII. ein Original aus dem Jahre 1322 betreffend das Patronatsrecht über die Hermannstädter Pfarrkirche; von Martin V. (1426) zwei fast gleichlautende Urkunden (die eine Original, die andere Kopie davon) betreffend die Aufhebung der Propstei zum heiligen Ladislaus und Schenkung der Güter derselben an die Hermannstädter Stadtgemeinde (iudici, iuratis civibus totique communitati eiusdem civitatis Cibiniensis), wovon auch mehrere Inserte vorhanden sind; von Eugen IV. 2 Inserte aus den Jahren 1436 und 1438; von Nicolaus V. (1447) ein Original, betreffend die Aufhebung der Propstei zum heiligen Ladislaus, ein Insert (1453) über einen allgemeinen Kreuzzug gegen die Türken und ein Insert (1454) an die Minderbrüder; 2 Inserte von Kalixt III. (1455), welche die beiden letztgenannten Urkunden Nicolaus V. bestätigen; Pius II. ertheilt im Jahre 1462 allen Denen vollkommenen Ablass, welche eine gewisse Türkensteuer leisten (Kopie), beauftragt den Weissenburger Bischof 1462 die Klagen des Hezeldorfer Pfarrers Sigmund gegen Georg Thabyassy und Genossen zu untersuchen (Original) und predigt 1463 den Kreuzzug gegen die Türken (Kopie). 1500 urkundet Papst Alexander VI. für den Pleban der Marienkirche zu Hermannstadt (Original), 1518 Papst Leo X. für die Predigermönche, eingeschaltet von dem Konvent zu Kolosmonostor 1519.

Bedeutend ist die Anzahl der von Geistlichen verschiedenen Ranges in ihrer speciellen Eigenschaft als päpstliche Legaten ausgestellten Stücke, worunter Urkunden des siebenbürgischen Propstes Georg Lepes, des Albaner Bischofs Jordanus, des Bischofs von Segni Johann u. A. Es folgen die Erzbischöfe von Gran: Dionysius (1440) Ladislaus „Primas Hungariæ" (1526), und von Kalocsa Stephan (1463), welcher aber nicht als Erzbischof, sondern in Verbindung mit einigen Grossen des Reiches, betreffs der ungarischen Königskrone urkundet; Paul de Thomor (1522).

Desgleichen ist der weitaus grössere Theil der von den ungarischen Bischöfen ausgefertigten Urkunden nicht in ihrer Eigenschaft geistlicher Oberhirten, sondern vielmehr königlicher Würdenträger ausgestellt, und zwar fungiren und urkunden die ungarischen Bischöfe meist als Oberschatzmeister (thesaurarii). Von den siebenbürgischen Bischöfen, die zu Weissenburg (Karlsburg) ihren Sitz hatten, sind selbstverständlich viele Urkunden in Folge ihres geistlichen Amtes nach Hermannstadt gekommen. — Alphabetisch nach Bischofsitzen geordnet stellt sich unser Material an ungarischen Bischofsurkunden folgendermassen dar:

Agram -- Oswald (1466). Csanad — Benedikt (1321), Albert (1462), Johann (1469), Lucas (1493). Erlau — Urban. electus (1486). Fünfkirchen — Sigismund (1495). Georg (1513). Grosswardein — Iwanka, im Verein mit Bischof Benedikt von Csanad (1321), Johann (1389), Georg (1505). Raab — Urban (1481). Veszprim — Peter Beryzlo (1513), Paul de Warda (1518). Waitzen — Ladislaus Zalcanus (1516). Weissenburg — Benedikt (1315), Maternus (nach Wenrich: wahrscheinlich 1396), Stephan (1414), Nicolaus (1464), Ladislaus Gereb (1485), Franz de Warda (1515). — Hieran schliessen sich die Urkunden einiger Domkapitel, so von Gran, Csanad, Grosswardein und Weissenburg, welches als „siebenbürgisches Domkapitel" allein durch 50 Urkunden vertreten ist.

Einzelne Urkunden rühren her vom Hermannstädter und Ofner Kapitel, vom Küküllöer Archidiakon, vom Hermannstädter Dekan. Abt und Konvent von Kolosmonostor wie von Kerz schreiben oft nach Hermannstadt.

Ausserdem bewahrt das Archiv noch eine Menge von Urkunden verschiedener Domherren, Archidiakone, Pröpste, Plebane, Kaplane, Ordensgeistlichen, worunter auch von den Brüdern des Ordens zum heiligen Geist (den Vorständen des Hermannstädter Spitals), und Notare.

Neben den Urkunden und Briefen sind Rechnungen oder Rechnungsbruchstücke, dann sonstige Archivalien, die weder Urkunden, noch Briefe, noch Rechnungen sind, der Urkundengruppe einverleibt und werden dieselben, soweit sie der ersten Periode, bis 1526, angehören, in Folgendem aufgeführt.

Rechnungsbücher und Bruchstücke aus solchen bis 1526.

Ein deutsch-lateinisches Bruchstück einer städtischen Rechnung aus dem 14. Jahrhundert, ein solches (lateinisch) aus dem 15. und eine deutsche Rechnung über Waarenlieferung aus demselben Jahrhundert; aus dem Jahre 1467 ein deutsch-lateinisches Ausgabenverzeichniss des Provinzial- (Hermannstadt und die 7 Stühle) Steuersammlers Nicolaus Aurifaber; aus 1468/9 9 Stücke, meist vom Bürgermeister Nicolaus Rwsse, enthaltend vier Hermannstädter Stuhlsrechnungen und 1 Sieben-Richter- (Hermannstadt und die 7 Stühle umfassend) Rechnung, ferner 3 städtische Rechnungen und 1 Darlehensverzeichniss (wohl auch städtische Rechnung); aus 1470 und 1485 je 1, aus 1484 2 Hermannstädter Steuerregister; aus dem letzten Viertel des 15. Jahrhunderts 7 Bruchstücke von Ausweisen über die Kosten der Hermannstädter Thorwachen; aus 1485 Bruchstück einer städtischen Rechnung; aus 1494 Rechnung des Stadthannen Peter Rotgen über die Kosten des Aufenthaltes von K. Wladislaus II. in Hermannstadt nebst einem Bruchstück gleichen Inhalts; 3 Steuerregister, und zwar Hermannstadts von 1494, Schässburgs und Mühlbachs von 1495; 7 Foliohefte aus den Jahren 1494 bis 1497 (Konsularrechnungen, vergleiche unten: IV. Rechnungsbücher) und 1500 bis 1501, enthaltend Rechnungen der Stadt, des Stuhles Hermannstadt, sowie der Siebenrichter oder sieben Stühle, welche Hefte unter der Signatur R. I. 1—4 und R. II. 1—3 in einem Urkundenkasten, doch in besonderen Laden untergebracht sind, während alle übrigen vorgenannten Rechnungen unter der Signatur U. dem Urkundenmaterial in chronologischer Folge incorporirt sind. Endlich ist aus den Jahren 1504 bis 1508 ein Schässburger Steuerregister, aus der Zeit 1507 bis 1508 ein Bruchstück einer Hermannstädter Zwanzigstrechnung und, auf einem Papierblatt verzeichnet, die „consignatio thelonii porcorum ex sede Szelistje" aus dem Jahre 1514 zu nennen.[1]

Sonstige Archivalien bis 1526.

Nur wenige Stücke gehören hierher, zunächst ein Verzeichniss von Abgaben der Pfarrer des Brooser Dekanates, geführt von dem Priester Johannes von 1334 (Pergamentblatt); dann ein Urkundenverzeichniss und ein Schriftstück der Fassbinder aus dem 15. Jahrhundert; aus 1474 Bestimmungen über die Art der Verwendung der Kerzer Abtei-Einkünfte; ein Heft aus 1476 mit Angaben über die Entlassung walachischer Häftlinge; aus dem letzten Viertel des 15. Jahrhunderts ein deutsches Stück „Anbringen an unsern allergnedigsten Herren den König der Stet und aller Teutschen aus Sybenburgen", dann 2 Bruchstücke das Hermannstädter Spital betreffend, aus 1482 Transmissionalien des Repser Gerichtes, aus 1499 eine Aufzeichnung über ein Zeugenverhör zu Reps; aus 1490 eine erbrechtliche Entscheidung und aus 1491 Aussagen eines des Diebstahls Angeklagten; aus 1521 das Zeugenverhör in einem Bistritzer Prozesse; aus dem Ende des 15. Jahrhunderts ein Verzeichniss über Einlösung von Sessionen in Roosch durch den Hermannstädter Geschworenen Georg Sabo; aus 1492 und 1493 je ein Verzeichniss des Kriegsmaterials der Hermannstädter Zünfte; aus dem Ende des 15. Jahrhunderts „Vormerkungen zu einer Tagfahrt" nebst einigen Rechnungsposten; um das Jahr 1500 sind abgefasst eine Beschwerde- und Bittschrift der 7 Stühle an den König und das Bruchstück einer Grenzbegehung zwischen Stolzenburg und Reussen. Aus dem Jahre 1510 ist vorhanden die Volkszählung in den Orten Marienburg, Brenndorf, Petersberg, Honigberg, Weidenbach, Neustadt, Rosenau, Wolkendorf, Zeiden, Helsdorf, Nussbach, Rothbach und Tartlau.

[1] Alle hier genannten Stücke aus der Zeit bis 1516 sind herausgegeben in: Quellen zur Geschichte Siebenbürgens aus sächsischen Archiven. Abtheilung I. Rechnungen aus dem Archiv der Stadt Hermannstadt und der sächsischen Nation, herausg. vom Ausschusse des Vereins für siebenbürgische Landeskunde. 1. Band. Von c. 1380—1516. Hermannstadt 1880. F. Michaelis. (Lex. 8, XX, 679 S. Mit 9 Facsimile-Tafeln: Wasserzeichen, Zahlzeichen. Preis 3 Gulden.)

B. 1527—1700.

Dieser zweiten Periode gehören mehr als 5000 Nummern an, von welchen viele mehrere Stücke bergen, so dass sich die Anzahl der Stücke höher stellt. Die Anordnung des Stoffes ist dieselbe wie bei den Stücken der ersten Periode, nur kommen noch einige wichtige Gattungen von Archivalien hinzu, als zahlreiche Landtagsartikel,[1] Artikel und Urkunden der sächsischen Nationsuniversität, Verhandlungen der Stadtvertretung (Centumviral-Kommunität) und des Magistrates von Hermannstadt, Statute der Stadt wie der verschiedenen Zechen (Handwerkerinnungen), Hattertprozesse, später, aus dem letzten Jahrzehnt des 17. Jahrhunderts auch Allerhöchste Hof-Rescripte und Gubernialdekrete.

a) Urkunden und Briefe weltlicher Personen und Korporationen.

1. Ungarn und Siebenbürgen.[2]

Die erste Stelle nehmen die Königsurkunden ein, von K. Johann (Zapolya), dem bisherigen Woiwoden von Siebenbürgen (1526); K. Isabella (1540), worunter das Gebot von 1543 „ne novitates in religione introducantur", und ihrem Sohne K. Johann II. (Sigismund Zapolya, 1560), welcher 1570 im Frieden mit K. Maximilian II. dem ungarischen Königstitel entsagt. Von ihm als „siebenbürgischen Fürsten" (princeps) sind hier keine Urkunden vorhanden; er starb bekanntlich schon im März 1571, worauf die siebenbürgischen Stände Stephan Bathori zum „Fürsten" wählten, mit welchem die Reihe der siebenbürgischen Fürstenurkunden beginnt. Stefan Bathori urkundet 1571 als „princeps"; von ihm hebe ich hervor das Schreiben an den Hermannstädter Rath aus dem Jahre 1572, worin die ausschliessliche Gültigkeit der Augsburgischen Konfession im Sachsenland ausgesprochen wird, nachdem auf der sächsischen Kirchensynode zu Mediasch 1545 bestimmt worden sei, „ut ipsi domini

---

[1] Die nicht unter den „Urkunden" aufbewahrten Landtagsartikel aus diesem Zeitraum siehe unter der Abtheilung: III. Protokollbücher 9).
[2] Die Urkunden K. Ferdinand I. und der späteren Sprossen des habsburgischen Hauses sind unter 2. Oesterreich aufgeführt. Eben dort wird auch der von kaiserlichen Generalen, Behörden ausgehenden Dokumente gedacht.

pastores Saxones ubique in iurisdictione Saxonica in suis ecclesiis reiectis et detestatis aliis omnibus impiis et cyclopicis abusibus et sectis atque Arianorum nefandis opinionibus per inquieta et monstrosa ingenia in ecclesiam invectis et intrusis, ipsam veram et sacrosanctam atque cum puro verbo dei consentientem Augustanam ut vocant confessionem profiterentur, cui quidem honestae et piae institutioni et ordinationi ad eorum instantem requisitionem consensimus immo in praesentiarum quoque tenore praesentium consentimus eamque approbamus et ratificamus"; weiter ein Stück von 1576, in dem er als „rex Poloniae electus" und von 1576 an mehrere Urkunden, in welchen er als „rex Poloniae" urkundet, so 1583 in der Bestätigung von „der Sachsen in Siebenbürgen Statuta oder eigen Land-Recht" (siehe unten VII. Gesetzbücher).

K. Stephans Neffe, des Woiwoden Christoph Bathori Sohn Sigmund Bathori, 1581 zum siebenbürgischen Woiwoden gewählt und 1588 als Fürst von Siebenbürgen beeidet, ist durch Urkunden aus den Jahren 1584—1599 vertreten; die Fürstin Maria Christina durch Stücke aus den Jahren 1596—1598.

Der folgende Fürst, Kardinal Andreas Bathori, urkundet nur wenige Monate hindurch als „princeps", indem er noch im Jahre 1599, nach dem Kampf gegen den walachischen Woiwoden Michael bei Schellenberg (28. Oktober), auf der Flucht getödtet wurde.

Unterstützt vom Adel nimmt Sigmund Bathori im Jahre 1601 neuerdings die siebenbürgische Fürstenwürde an, von ihm (1601), von seinen Nachfolgern Stephan Bocskai (1605) und Sigmund Rakoczy (1605) sind Urkunden vorhanden.

Gabriel Bathori urkundet 1608 als Fürst und in den folgenden Jahren; 1611 und 1612 betreffend dreier Zehentquarten der sächsischen Geistlichkeit.

Von Fürst Gabriel Bethlen (1613) nenne ich die Konföderation zwischen ihm und Gabriel Mogila (1619), dann 2 Stücke von 1620 und 1621, in denen er als „electus Hungariae rex" respektive als „Hungariae rex" urkundet. Susanna Karolyi (1619) und Katharina von Brandenburg (1630), Bethlens Gemahlinen urkunden als „principissae".

Weiter sind im Archive vertreten: Georg I. Rakoczy (1630) und desselben Gemahlin Susanna Loranthfi (1644); Georg II. Rakoczy; Franz Rakoczy (1657); Achatius Barcsai (1657—1660); Johann Kemeny (als Fürst 1660—1661); Michael I. Apati (1661—1689); endlich die

Fürstin Anna Bornemissa (1673), dann „a fulgida porta Otthomannica declaratus princeps Transsilvaniae" Emerich Thököly (1690).

An die siebenbürgischen Fürstenurkunden reihen sich die der siebenbürgischen Woiwoden: Peter de Peren (1527), Stephan Bathori de Somlyo, Stephan Maylath (dieser auch als: capitaneus generalis Transsilvaniae), Emerich Balassa de Gyarmath, Andreas Bathori de Somlyo (1552), Franz Kendi und Stephan Dobo (1554), Johann Pongracz (1569), Christoph Bathori (1576, von diesem aus dem Jahre 1579 Urkunden für Heltauer Gewerbsleute), Moyses Szekely (1603), endlich von Stephan Bethlen de Iktar als: gubernator Transsilvaniae (1621).

Als Vicewoiwoden urkunden noch: Nicolaus de Macedonia (1527), Alexius de Bethlen, Ladislaus Mikola (1557). In der Fürstenzeit werden weder besondere Woiwoden noch Vicewoiwoden bestellt, sondern ist deren Amt wie auch das des Szeklergrafen in der Person des Landesfürsten vereinigt. Eine erhebliche Anzahl von Stücken rührt von verschiedenen königlichen und fürstlichen Beamten, von Obergespanen, Kastellanen u. A. her; so von dem Sekretär der K. Isabella Antonius Verantius.

Das von den Ständen und Städten ausgehende Material fliesst viel reichlicher als in der Zeit vor 1526. Zunächst sind da zu nennen eine Reihe von Landtags-Einberufungsschreiben, von den Ständen selbst (so 1601), von den Fürsten oder endlich vom Gubernium (der von Oesterreich eingesetzten siebenbürgischen Landesregierung); dann Landtagsartikel aus verschiedenen Jahren. Hierher gehören ferner die Unionsurkunden (Vertragsurkunden zwischen den drei ständischen Nationen Siebenbürgens, der Sachsen, Ungarn und Szekler) von 1531 und 1601, diese gegen den walachischen Woiwoden Michael gerichtet; 1605 fordern Ungarn und Szekler die Sachsen zur Union auf; 1627 verbinden sich die drei ständischen Nationen, nie gegen das Haus Oesterreich zu kämpfen, welcher Vertrag 1630 erneuert wird; weiter die Unionsurkunde von 1686, dann die zwischen den Sachsen und den beiden anderen ständischen Nationen am 23. April 1692 geschlossene „amicabilis complanatio et concordia", gewöhnlich mit dem Namen der Accorda [1] belegt, sowie die von K. Leopold I. am 7. April 1693 in Wien ausgestellte Bestätigungsurkunde [2] der erwähnten Accorda. Endlich sind zu erwähnen Eides-

---

[1] Abgedruckt im siebenbürgischen Landtagsprotokoll von 1792 Seite 470 ff. Ferner in Szász, Sylloge tractatuum (Claudiopoli 1833) Seite 230 ff.

[2] Im erwähnten Landtagsprotokoll S. 173 ff. und in Szász a. a. O. S. 392 ff.

formeln aus der Fürstenzeit (etwa um 1620) und dem Jahre 1691, in welchem Jahre die siebenbürgischen Stände dem Kaiserhaus den Eid der Treue leisteten.

Von der Gesammtvertretung der Sachsen gehen aus: Sententia universitatis Saxonum (1539); Articuli universitatis Saxonum in congregatione regnicolarum propositi (1542); Gravamina Saxonum contra Bocskaianos (ein Bündel, 1605); Articuli universitatis Saxonum (1613); Unio seu Liga nationis Saxonicae (Schutz- und Trutzbündniss der Sachsen untereinander) vom Jahre 1613, erneuert im Jahre 1636; Unio nationis Saxonicae (1657, erneuert 1675); die sächsische Nation an den Kaiser (1614, dann 1695); Copia literarum nationis Saxonicae ad dominum Absolon intuitu status miserabilis nationis Saxonicae (1695); Originalia desertorum et combustorum sedium Saxonicalium (Uebersicht über die auf Sachsenboden von den Einwohnern verlassenen wie über die abgebrannten Häuser, 1695); die sächsische Nationsuniversität über die Dislocirung der kaiserlichen Regimenter in Siebenbürgen (1699). Bedeutendes Material ist vorhanden zur Geschichte des Steuerwesens.

Von den einzelnen sächsischen Stühlen sind vorhanden: Querelae incolarum sedis Rupas (Reps, 1547); Statuta quaedam sedis Mercuriensis (Reussmarkt 1627); „Instructio postarum" für den Mühlbacher Stuhl (1634).

Von einzelnen Ortsbehörden vorzugsweise von Städten gehen aus: zahlreiche Urkunden von Hermannstadt, Mediasch, Schässburg, Kronstadt, Bistritz, Broos, Mühlbach, Reussmarkt, Leschkirch, Grossschenk und Reps als den Vororten der sächsischen Stühle und Distrikte; dann von den sächsischen Stuhlsortschaften Heltau, Hammersdorf, Hahnbach, Alzen, Magarei, Hezeldorf; von dem auf Komitatsboden gelegenen Tekendorf; von Salzburg, Klausenburg, Maros-Vasarhely (Szekely-Vasarhely), Saard im Unteralbenser Komitate, Karansebes, Szathmar, von „Richter vnnd Ratt der vngerischen Perkhstett Cremnitz, Schemnitz, Neusoll" (1548, in deutscher Sprache abgefasst), Pressburg (1666); Constitutiones inter Hungaros et Valachos zu Freck (1582); desgleichen zu Szakadat (1582); Articuli civitatis Schaesburgensis (1630); Regestrum census quotannis ex sede Szelistiensi (1664); Connumeratio colonorum ex Szecsel (1672); Urkunden betreffend die Salzburger Salzwerke; Supplica Birthalbiensium ad universitatem Saxonum (1690 und 1697); Considerationes de ruina civitatis Bistriciensis (1697); Copia statutorum pro magistratu et communitate Sabaesiensi (Mühlbach, 1699); „Inquisitiones" über den kläglichen Zustand der Hermannstädter Stuhlsgemeinden Burgberg, Gunzendorf (Poplaka), Guraro, Heltau, Kastenholz, Moichen, Neudorf, Rothberg, Thalheim, Westen, Zood, dann der Siebenrichter-Besitzungen Abtsdorf, Grossdorf (Szelistye), Michelsberg, endlich der Stadtbesitzungen Orlat, Korneczel und Städterdorf (Resinar), sämmtliche Stücke aus dem Jahre 1700.

Die Stadt Hermannstadt allein betreffen zunächst Verhandlungen und Beschlüsse der Stadtvertretung und des Magistrates: Complanatio inter magistratum et communitatem Cibiniensem (1614); Decreta senatus et centumvirorum (1614); Postulata communitatis (Gemeindevertretung) aus den Jahren 1614, 1615, 1634, 1662, 1666, 1676, 1677, 1683, 1686, 1687, 1690; Postulata communitatis cum resolutione magistratuali aus den Jahren 1623, 1625, 1678, 1679, 1681, 1682, 1684, 1688, 1690, 1693, 1695, 1696; Resolutiones magistratuales ad postulata communitatis aus den Jahren 1631—1634; Magistratus et communitatis limitatio victualium (1628); Postulata civitatis Cibiniensis ad imperatorem una cum resolutione desuper (1691). Daran reihen sich Statute, Amtsvorschriften, Nachbarschaftsartikel und derlei Schriftstücke: Constitutiones civitatis von 1541 (siehe: Das rothe Büchel der Stadt Hermannstadt in Kurz Magazin I. 239 ff. Schuler von Libloy, Materialien zur siebenbürgischen Rechtsgeschichte, Hermannstadt 1862), 1545, 1584, 1 undatirt aus dem 16. Jahrhundert, dann von 1700, respective 1698; 1 Bruchstück der Statute (Constitutiones) vom Jahre 1588; Ordinatio cebarum (1556); Articuli circa decimationem observandi (1580); Actio duarum vicinitatum platearum: Reispergasse et Salzgasse (1581); Articuli a communitate conclusi (1597); desgleichen von 1630; Catalogus centum virorum (1556 und 1683); Articuli pro custodibus portarum (1567); Vorschriften für die Stadtreiter aus den Jahren 1652 und 1691; Kleiderordnungen von 1653 und 1689; Instruction für den Marktrichter (1687), desgleichen für den Feldhüter (1691), dann für Todtengräber, Stadtreiter, Musikanten und Marktrichter von 1637 und 1662; Articuli a magistratu et communitate intuitu emtionis domorum conclusi, dann Nachbarschaftsartikel von 1693; Nachbarschaftsartikel betreffs Hochzeiten und Leichenbegängnisse (1685 und 1696); Constitutiones für den neuen Königsrichter (Gotzmeister 1612 und Seraphin 1634.) Von Rechnungen und Bruchstücken solcher, welche die Stadt allein betreffen, finden sich in dieser Abtheilung:

Consignatio expensarum civitatis (1545); Regestrum solutionum vigesimarum (1537—1545); Consignatio erogativorum in aedificatione novae bastionis factorum (1544); Regestrum perceptorum et erogativorum ex pertinentiis de Kerz (Stadtgut) von 1543; Percepta et erogata ex lucro cementi (1565—1572); Consignatio activorum capitalium Cibiniensium (1578), Regestrum super debitis activis civitatis (1655);˙Percepta et erogata fundi hospitalis (1674).

Schliesslich haben noch folgende Stücke auf die Stadt Hermannstadt Bezug: Regestrum frumenti et munitionum civitatis (1560); Verzeichniss der dem Hermannstädter Spital gehörigen Grundstücke (1568); Inventarium bonorum Boieronum Cibinii relictorum (1569); Verzeichniss von Geschützen, Büchsen, Munition und der Mannschaft der Hermannstädter Zünfte (um 1570 geschrieben); Verzeichniss einer zum Feuerlöschdienst bestimmten Zehntschaft (1570); Consignatio armorum in turribus ceharum (1575); Regestrum szabadasiorum (Polizeidiener) von 1579; Inventare der Hermannstädter Stadtapotheke aus den Jahren 1580 und 1609; Vita Valentini Seraphin iudicis regii Cibiniensis (1636); Urkunden, betreffend die armenischen und griechischen Kaufleute aus den Jahren 1635, 1649, 1653, 1656 und 1671; Inventarium instrumentorum musicalium Cibiniensium (1660); Connumeratio villarum et villanorum in suburbiis Cibiniensibus (1673); Specificatio advenarum (1681); Specificatio visitationis propugnaculorum et munitionis civitatis (1681); Connumeratio villicorum Cibiniensium (1698).

Eine namhafte Anzahl von Urkunden und Briefen rühren her von den verschiedenen Hermannstädter Königsrichtern und Comites (iudices regii), Hermannstädter Provincial-Bürgermeistern (magistri civium, consules provinciales), Königsrichtern der übrigen sächsischen Stühle, Agenten bei dem Wiener Hof und der Pforte; ein bedeutendes Quellenmaterial ist da der Benützung zugänglich zur innern Geschichte Ungarns und Siebenbürgens im 16. und 17. Jahrhundert, zur Geschichte der Türkenkriege und der Kämpfe des Hauses Habsburg um den Besitz von Siebenbürgen. Nicht unbedeutend ist die Zahl verschiedener Privaturkunden: Kauf- und Tauschverträge, Processschriften, Testamente, die von den betreffenden Parteien der Sicherheit wegen im Archiv deponirt worden sind. Als besonders wichtig für die Geschichte der Gewerbe hebe ich die Zunfturkunden der sächsischen Handwerksinnungen hervor, als der Bäcker, Barbiere, Böttcher, Csismen-(Stiefel-)macher, Drechsler, Fischer, Fleischer, Gerber, Goldschmiede, Hutmacher, Kaufleute, Kürschner, Leinweber, Messerschmiede, Radmacher, Riemer, Sattler, Scheidenmacher, Schmiede, Schneider, Schuhmacher, Seifensieder, Seiler, Tischler, Töpfer, Tuchmacher, Tuchscheerer, Wagner, Wollweber, Ziegelstreicher (tegularii), Zimmerleute.

Schliesslich seien noch die vielen auf Hattert-(Flur-)Processe und Grenzbegehungen (Hattertreambulationen) bezüglichen Urkunden (Metales) erwähnt; so aus dem 16. Jahrhundert, betreffend die Gemeindegebiete (Hattert) von den Hermannstädter Stuhlsgemeinden Gierelsau - Talmesch (Siebenrichter - Besitzung), Grossau - Kripseifen (Kakova, Siebenrichter-Besitzung), Grossau-Reussdörfchen, Grossau-Grossdorf (Szelistye, Siebenrichter-Besitzung), Grossscheuern-Hahnbach, Heltau-Hermannstadt, Kastenholz-Thalheim, Rothberg-Korneczel (Stadt-Besitzung)-Neudorf, Rothberg - Korneczel, Stolzenburg-Reussen (Siebenrichter-Besitzung), Szakadat-Freck, Szakadat-Nucsed (Szentianoshegy, Oberalbenser Komitat), Thalheim-Korneczel, Thalheim-Neudorf: von den Siebenrichter-Besitzungen Klosdorf-Kreuz, Klosdorf - Meschendorf, Marienburg - Wallachisch - Neudorf (Oberalbenser Komitat); von der Stadtbesitzung Kerz-Wallachisch-Neudorf und Kerz-Skore; von den Leschkircher Stuhlsgemeinden Alzen-Bägendorf, Holzmengen-Nucsed (Oberalbenser Komitat), Holzmengen-Ziegenthal, Leschkirch-Marpod, Sachsenhausen-Wallachisch-Neudorf; von den Mediascher Stuhlsgemeinden Birthälm-Abtsdorf (Siebenrichter-Besitzung), Marktschelken-Schaal, Waldhütten-Halvelagen; von den Schenker Stuhlsgemeinden Braller - Gürteln, Buchholz-Kaltbrunnen, Jakobsdorf-Propstdorf, Jakobsdorf-Schönberg, Martinsberg-Wallachisch-Neudorf; von den Repser Stuhlsgemeinden Halmagen - Schönen, Stein-Weisskirch; von den Schässburger Stuhlsgemeinden Trappold-Wolkendorf, Radeln-Bodendorf; von den Reussmärkter Stuhlsgemeinden Grossleogdes-Alamor, Urwegen-Kelling; von den Mühlbacher Stuhlsgemeinden Kelling-Reichau und Petersdorf-Reichau. Aus dem 17. Jahrhundert sind zu nennen: von der Leschkircher Stuhlsgemeinde Hochfeld-Gainar (Oberalbenser Komitat); von den Schässburger Stuhlsgemeinden Dunnesdorf-Lasslen, Mehburg-Radeln, Hendorf-Neithausen; von der Brooser Stuhlsgemeinde Lammdorf-Schebeschel.

2. Oesterreich.

Die hier erhaltenen Urkunden des habsburgischen Herrscherhauses beginnen mit K. Ferdinand I. (1527), und sind ferner Maximilian II. (1555), Rudolph II. (1595), Mathias (1604) und Leopold I. (1670) vertreten. Von Kaiser Karl V. (1548), dann von Erzherzog Ferdinand an Albert Huet (1595), und Erzherzogin Maria (1595) sind Stücke vorhanden. — Da Siebenbürgen erst unter K. Leopold I. Regierung dauernd mit Oesterreich vereinigt wird, häufen sich natürlich erst von dieser Zeit an die vom kaiserlichen Hof, von den kaiserlichen Generalen und Civilbehörden ausgehenden Dokumente, doch bewahrt das Archiv auch mehrere solche Stücke aus früherer Zeit, so von Johann Baptist Castaldo (1552), vom kaiserlichen Zeugwart Conradt Haass eine Reihe von Rechnungen, Geschützverzeichnissen und an denselben gerichteten Briefen, darunter von Balthasar von Walderstein, Viktor von Venecia, Hanns Schmidt u. A. aus den Jahren 1552—1556, General Basta (1602), dann von den kaiserlichen Abgesandten Paul v. Krausseneck und Georg Hoffmann (an die Sachsenstädte Hermannstadt, Kronstadt, Mediasch, Schässburg und Mühlbach 1604). Aus der Zeit Leopold I. datiren die Stücke von den Generalen Caraffa und Veterani (1686), Heissler (1690), Markgraf Ludwig von Baden (1690), Graf Castell (1690), Rabutin (1697).

Von 1687 an ist eine lange Reihe von Schriftstücken vorhanden über die seitens der sächsischen Nation und speziell der Stadt Hermannstadt den kaiserlichen Truppen an Geld und Naturalien geleisteten Kontributionen. Zu dem Jahre 1697 werden da folgende Regimenter genannt: Gondolian, Sachsen-Gotha, Neuburg, Derbeville, Pfefferhoven, Baron de Truchsess, Hohenzollern und Uhlfeldt.

Weiter enthält das Archiv: Regulamentum militare (1697 bis 1699); Tabella numerum militiae in Transsilvania hibernantis continentia (1698); die schon erwähnte Aeusserung der sächsischen Nations-Universität über die Dislocirung der kaiserlichen Regimenter in Siebenbürgen (1699) und dazu Fasciculus dislocationum militiae caesareae per Transsilvaniam et sedes Saxonum (1700).

Im Jahre 1690 ladet Georg Banffi zur Beschickung des Landtages nach Weissenburg ein und vom 7. Juni 1692 datirt die erste „Commissio gubernialis", das erste vom Gubernium (der neuen

Landesregierungsbehörde) ausgehende Schriftstück des Archives; zwei Stücke aus dem Jahre 1698 betreffen die Errichtung eines „Kommissariates" in Siebenbürgen (Behörde für Einquartierung und Verpflegung der kaiserlichen Truppen); aus dem Jahre 1700 ist vorhanden ein Reskript der „siebenbürgischen Hofkanzlei" und „Copia resolutionis regiae intuitu functionis cancellariae Transsilvanicae et facultatis in expeditionibus".

Der Wiener Stadtrath urkundet Barbiere und Chirurgen betreffend im Jahre 1560.

3. Walachei.

Es sind Stücke vorhanden von den Woiwoden Moyses (1529), Radul (1541), Peter (1541), Wlad (1551), Mirche (1553), Alexander (1572), Peter (1583), Michael (1593), Radul (1604), Stephan Bezarab (1619), Alexander (1626), Michael (1658); endlich von der walachischen Fürstin Helene (1653). — Die

4. Moldau

ist vertreten durch Urkunden der Woiwoden Alexander (1556), Aaron (1593). Georg Stephan (1653, Geleitsbrief für einen Georg Aussell aus Bingen am Rhein).

5. Türkei.

Hieher gehört die Ernennung Stephan Bocskai's zum Fürsten von Siebenbürgen durch Mehmet Pascha (1604) und ein Stück eines Tartaren-Khans (1658).

6. Polen.

K. Sigismund urkundet 1546; im Jahre 1576 erscheinen polnische Abgesandte bei dem Fürsten Stephan Bathori; Ludovica Carolina, Fürstin von Kurland, urkundet 1654.

7. Baiern.

Die Städte Augsburg und Nürnberg urkunden beide im Jahre 1560, Barbiere und Chirurgen betreffend. — Aus

8. Württemberg

sind da eine Urkunde von Vogt und Richter der Stadt Schorndorff aus dem Jahre 1528, von Sebastian Wölflin aus Schorndorf

(16. Jahrhundert) und eine Urkunde von „Vogt, Bürgermeister und Gericht der Statt Haidenheim" aus dem Jahre 1614.

9. Sachsen

stellt eine Urkunde des Kurfürsten Johann Georg II. von 1668, und endlich

10. Brandenburg

eine Urkunde des Kurfürsten Georg Wilhelm vom Jahre 1630.

b) Urkunden und sonstige Schriftstücke geistlicher Personen und Korporationen.

Das evangelische Glaubensbekenntniss, speciell die Augsburgische Konfession, fand ungemein rasch allgemeine Verbreitung unter den Sachsen Siebenbürgens, so dass die meisten hierher gehörigen Stücke von der evangelischen Kirche ausgehen oder von derselben handeln. Ich lasse also zunächst die die

1. Evangelische Kirche

betreffenden Nummern, chronologisch geordnet, folgen: Reformatio ecclesiarum districtus Coronensis (1543): ein Stück des sächsischen Reformators Johann Honterus (1547): Exemplum articulorum parochis ecclesiarum Saxonicalium exhibitorum (1559); ein Brief Philipp Melanchthons an Albert Hardeberg in Bremen, vom 9. Februar 1560 (Original); Articuli inter politicum et ecclesiasticum ordinem confecti (1560); Responsio dominorum provincialium de quibusdam articulis pastorum ecclesiae Saxonicae (1574); über arianische Häresie unter den Sachsen 2 Nummern (1575); Bestimmungen über die Taxen für Kirchengruften (1581); Pastorum Saxonicorum protestatio ratione conservationis fidei, observationis illorum privilegiorum necnon assumtionis novi calendarii Gregoriani (1590); Consignatio arendarum proventuum decimalium et solutionis capituli Bistriciensis (1609); Universitas ecclesiastica ad universitatem saecularem intuitu restitutionis arendae per principem (1615); zwei Stücke betreffend die Hermannstädter Kirchen-Orgel (1671 und 1672); Postulata capituli Cibiniensis (1684); die Klausenburger evangelische Kirchengemeinde an den Hermannstädter Königsrichter (1694); endlich eine Anzahl Stücke der Kapitel von Bistritz, Bulkesch, Burzenland und Hermannstadt.

2. Katholische Kirche,

über welche nur wenig Materiel vorhanden ist. An Bischofsurkunden sind zu nennen:

Agram — Nicolaus Olah (1544); Gran — Nicolaus Olah (1554); Grosswardein — Georg Martinuzzi (1541); Raab — Johann Listhi (1575); Weissenburg (Karlsburg) — Nicolaus Gerend (1527); Johannes Statilius (1541); Paul Bornemissa (1555); Wien — Melchior Khlesl an den Legaten Daroczi in Siebenbürgen (Kopie, 1615).

Mehrere Stücke betreffen die Unitarier in Klausenburg. — Vom walachischen Bischof Athanasius sind Schriftstücke da „intuitu contributionis poparum ex Kakova" (1698) und bezüglich des walachischen Popen von Kleinpropstdorf (1699).

II. Akten.

Die Archivabtheilung der „Akten" enthält vor allem den ganzen amtlichen Schriftenwechsel der Stadt Hermannstadt aus der Zeit 1701—1833. Indem die amtliche Geschäftsführung der sächsischen Nationsuniversität bis 1784 verfassungsgemäss mit derjenigen des Hermannstädter Magistrates verbunden war und der Bürgermeister von Hermannstadt als erster Beamter der Stadt wie der sächsischen Nationsuniversität fungirte, finden wir in dieser Abtheilung alle Koncepte der von dem Hermannstädter Magistrat und der Nationsuniversität ausgegangenen Expeditionen, sowie die den genannten Körperschaften zugekommenen Originaleinläufe. Hauptsächlich ist dies Aktenmaterial für die Stadt Hermannstadt von Bedeutung, aber weiterhin auch für die Geschichte des Sachsenlandes überhaupt von hervorragendem Werth.

Mindere Wichtigkeit ist wohl den Konskriptionsakten, Konkursakten und Privatakten beizumessen. Das gesammte Aktenmaterial gliedert sich in folgende wichtigere Unterabtheilungen:

1. **Hermannstädter Magistrats- und Universitäts-Akten**

aus den Jahren 1701 bis 1784, beziehungsweise 1789, welche nach Jahrgängen geordnet und in Aktendeckel eingelegt neu aufgestellt worden sind.

2. **Hermannstädter Magistrats-Akten**

aus dem Jahre 1790, mit welchem Jahre die Scheidung der Kanzlei der sächsischen Nationsuniversität von jener des Hermannstädter Magistrates beginnt, bis einschliesslich 1833.

3. **Hermannstädter Kommunitäts-Akten.**

Dieselben beginnen im 17. Jahrhundert reichen bis einschliesslich 1800 und haben natürlich rein lokale Bedeutung.

4. Universitäts-Akten.

Die besonderen Akten der sächsischen Nationsuniversität, der Gesammtvertretung der sächsischen Nation, beginnen mit dem Jahre 1790 und sind von diesem Jahre an bis einschliesslich 1849 nach Jahrgängen, und innerhalb dieser nach den Amtszahlen neu geordnet, in Aktendeckel eingelegt und aufgestellt worden. Die

5. Komitiats-Akten

datiren von der Einrichtung einer besonderen Kanzlei des Hermannstädter Königsrichters und Komes der sächsischen Nation, 1790; alle einschlägigen Akten von 1790—1849 befinden sich in dem Archiv.

6. Hermannstädter Komitats-Akten.

Dieselben gehören den Jahren 1784—1790 an, während welcher Zeit Siebenbürgen in Komitate eingetheilt und Hermannstadt der Sitz des gleichnamigen Komitates war, und sind nach Jahrgängen und den Komitatszahlen geordnet.

III. Protokollbücher.

Die Archivabtheilung der Protokollbücher umfasst: Die Protokolle des Magistrates und der Kommunität (Stadtvertretung) von Hermannstadt, des Szelistyer Filialstuhles, des Talmescher Filialstuhles, der sächsischen Nationsuniversität, des (sächsischen) Komitiates, der sächsischen National-Buchhaltung (Revisorat) und des Hermannstädter Komitates, die Hermannstädter Theilungs-(Divisorats-) Protokolle, das sind: Protokolle über die Verlassenschaften und die unter den Erben vorgenommenen Theilungen derselben, Nachbarschaftsbücher, Zunftbücher, Urbarien und Konskriptionen, Gerichtsprotokolle und Handlungsbücher (Geschäftsbücher von Hermannstädter Kaufleuten).

Das werthvollste historische Quellenmaterial bilden die Verhandlungs- oder Sitzungsprotokolle der verschiedenen Behörden, vor Allem die

1. Hermannstädter Rathsprotokollbücher,

deren ältestes zugleich Provinzialprotokoll ist unter dem Titel: „Protocollon provinciae Saxonum necnon civitatis Cibiniensis sub anno domini 1522 feliciter ceptum et congestum." Dieser Band mit der alten Protokollsignatur 2, dessen Inhalt in lateinischer Sprache, vom Jahre 1556 aber angefangen in deutscher Sprache abgefasst ist, umfasst die Jahre 1522—1565 und enthält am Schluss zwei kurze Aufzeichnungen aus den Jahren 1601 und 1607. In diesem wie in allen anderen Sitzungsprotokollen wird zu jedem Jahr der active Beamtenstand aufgezählt, und werden oft auch die Geschäfte näher bezeichnet, die den einzelnen Beamten zukommen. Die folgenden Bände der Protokolle des Hermannstädter Stadt- und Stuhlsmagistrates, welcher als politische Behörde erster Instanz und als Gericht zweiter Instanz für den Bereich der Stadt Hermannstadt und des Hermannstädter Stuhles fungirte, umfassen je einer folgende Jahre:

1566—1637[1] (alte Signatur: 7), 1636—1692[1] (alte Signatur: 9), 1690—1797 (alte Signatur: 13), 1698—1704 (alte Signatur: 14), 1704—1708[1], 1711—1716, 1716—1720, 1721—1728 (in 2 Exemplaren vorhanden), 1728—1734, 1734—1736, 1734—1740[1], 1737 bis 1739, 1739—1740, 1740—1741, 1741, 1741—1743, 1743—1746, 1746—1747, 1747—1751, 1747—1748, 1749—1750, 1751, 1751 bis 1753, 1754, 1754—1755, 1755—1756, 1756—1758, 1758—1759, 1759—1760, 1760—1763, 1764—1767, 1768—1769, 1770 (1 Band Koncept, 1 Band Reinschrift), 1771, 1771—1772, 1772 2 Bände, 1773, 1774—1776 aus jedem Jahr 2 Bände, 1777, 1778, 1779, aus den Jahren 1780—1785 je 2 Bände, 1786 3 Bände (darunter 1 Gerichtsprotokoll),[2] 1787 2 Bände, ferner 11 Bände Gerichtsprotokoll (1 Band für die Monate Januar und Februar, dann je 1 Band für jeden einzelnen Monat), 1788 3 Bände und ferner 1 Band über mündliches, 2 Bände über schriftliches Gerichtsverfahren, 1789 2 Bände und 1 Gerichtsprotokoll, 1790 3 Bände (Januar—April, Mai—August, September—December), 1791—1795 je 4 Bände (über jedes Vierteljahr 1 Band), 1796 3 Bände (Januar bis Juni, Juli—September, Oktober—December),

1797 3 Bände (Januar—April, Mai—August, September—December),
1798 2 „ (Januar—März, April—Juni),
1800 2 „ (Januar—Juni, Juli—December),
1801 3 „ (Januar—April, Mai—August, September—December),
1802 1 Band und 1 Gerichtsprotokoll vom 4. Januar bis 1. März.
1807 3 Bände (Januar—April, Mai—August, September—December),
1808 3 „ „ „ „ „ „ „
1809 1 Band (Juli—December),
1810 3 Bände (Januar—Juni, Juli—September, Oktober—December),
1811 3 „ (Januar—April, Mai—August, September—December),
1812 1 Band (Januar—Juni),
1813 2 Bände (Januar—Juni, Juli—December),
1814 2 „ „ „ „ „
1815 2 „ „ „ „ „
1816 2 „ „ „ „ „
1817 2 „ „ „ „ „

[1] Ist mit einem Index versehen.
[2] Vom Jahre 1786 an werden politisch-oekonomische und gerichtliche Angelegenheiten je in besonderen Sitzungen verhandelt und demgemäss in besonderen Protokollen verzeichnet.

1818 3 Bände (Januar—April, Mai—August, September—December),
1819 3 „ (Januar—13. Mai, 17. Mai—August, September bis December),
1820 3 „ (Januar—April, Mai—August, September—December),
1821 3 „ (Januar—14. Mai, 17. Mai—3. September, 6. September bis December),
1822 3 „ (Januar—April, Mai—August, September—December),
1823 3 „ „ „ „ „ „ „
1824 3 „ „ „ „ „ „ „
1825 3 „ „ „ „ „ „ „
1826 3 „ „ „ „ „ „ „
1827 3 „ „ „ „ „ „ „
1828 3 „ „ „ „ „ „ „
1829 3 „ „ „ „ „ „ „
1830 3 „ „ „ „ „ „ „

In einem Folioband, Protocollum civium Cibiniensium, sind die Namen der neuaufgenommenen Bürger aus den Jahren 1765 bis 1809 verzeichnet.

Die Einreichungsprotokolle des Hermannstädter Stadt- und Stuhlsmagistrates sind bis zum Jahre 1790 zugleich auch Einreichungs-Protokolle der sächsischen Nationsuniversität, indem wie schon bemerkt die Kanzlei eine gemeinsame war. Sie beginnen mit dem Jahre 1701. Je ein Band umfasst folgende Jahre: 1701—1725, 1726—1745, 1761—1769, 1770, 1771—1777, 1772—1773, 1775, 1776, 1778, 1779, 1782, 1783, 1784, 1785, 1786, 1787, 1788, 1789 (nebst 1 Band über gerichtliche Gegenstände). Ferner ist aus jedem einzelnen der Jahre 1790 bis einschliesslich 1830 ein Band Einreichungsprotokoll vorhanden.

Indices zu den Einreichungsprotokollen sind erhalten aus den Jahren: 1761—1762, 1771—1773, 1784, 1786 (nebst 2 Bänden Index actorum iudicialium), 1787, 1788, 1789 (nebst einem Repertorium actorum iuridicorum), 1790 (nebst einem Repertorium actorum iuridicorum), dann aus jedem einzelnen der Jahre 1791 bis 1830 ein Band.

In der Hermannstädter Kanzlei sind auch entstanden folgende drei Bücher:

Hermannstädter Kopialbuch (Formelbuch) mit Abschriften von Urkunden und Briefen aus dem 16. und 17. Jahrhundert und mit Angaben über Steuerumlagen aus dem Anfang des 17. Jahrhunderts;

auf dem letzten Blatt Zählung der Häuser und Hausbesitzer in Hermannstadt im Jahre 1609. 1 Folioband in Pergamentumschlag.

Repertorium epistolicum aliorumque scriptorum memoratu et asservatu dignorum futurae memoriae sacrum anno 1690 die 12. Julii erigi coeptum. 1 Folioband. Blatt 1—25. geschrieben von Johann Zabanius als Provincialnotar 1690—1695. Blatt 26—36 von verschiedenen gleichzeitigen Händen. Enthält Abschriften von Urkunden und Briefen aus den Jahren 1690—1695.

Eid- und Statutenbuch der Stadt Hermannstadt, begonnen von Johann Kinder (seit 1700 Magistratssekretär). 1 Folioband mit Inhaltsverzeichniss. Enthält Eidesformeln für sächsische National-, aber vorzüglich für Stadtbeamte aus dem 18. und 19. Jahrhundert und Seite 63—100 die Constitutiones et statuta reipublicae Cibiniensis aus dem Jahre 1698, beziehungsweise 1700. Die jüngsten Schriftzüge, zuletzt Seite 197 rühren von Gustav Kapp her, als Magistrats-Kanzlist, 1852.

2. Hermannstädter Kommunitätsprotokollbücher.

Die abgesondert geführten Protokolle der Hermannstädter Centumviral-Kommunität (Hundertmannschaft, Stadtvertretung) beginnen mit dem Jahre 1790. Das Archiv besitzt folgende Sitzungs-Protokolle: je einen Folioband aus den Jahren 1790 (mit einer Bemerkung aus dem Jahre 1791), 1798, 1799—1800, 1801, 1802, 1803, 1804, 1805, 1806, 1807, 1808, 1809, 1810.

3. Protokollbücher des Filialstuhles Szelistye.

Das Grenzgebiet Szelistye (Grossdorf) mit den Ortschaften Kripseifen (Kakova), Grabendorf (Valye), Budenbach (Szibiel), Galesdorf (Galis) und Tilischka wurde im Jahre 1472 von König Mathias den sieben Stühlen als Nobilitargut verliehen, gehörte fortan hinsichtlich der Verwaltung unter den Hermannstädter Magistrat, bildete aber keinen integrirenden Bestandtheil des Sachsenlandes (fundus regius), und seine Bewohner besassen bis zum Jahre 1848 keine politischen Rechte und waren selbstverständlich niemals Miteigenthümer des sächsischen Nationalvermögens. Der Hermannstädter Magistrat als Mandatar der sieben Stühle (sieben Richter, septem iudices) führte im Szelistyer Filialstuhl die Verwaltung und übte die Gerichtsbarkeit aus durch einen Senator (Magistratsrath) als

Dominalrichter (iudex dominalis Szelistyensis) oder Inspektor (inspector dominii Szelistyensis) mit dem nöthigen Hilfspersonal.

Je ein Folioband umfasst die Protokolle aus den Jahren 1585—1709, 1690—1691, 1708—1750, 1715—1717, 1718—1727, 1750—1767, 1758—1762, 1762—1767, 1766—1772, 1770—1771, 1772—1776, 1781—1782, 1783—1786, 1790—1828.

4. Protokollbücher des Filialstuhles Talmesch.

Der Talmescher sogenannte Filialstuhl ist gleich dem Szelistyer Filialstuhl durch königliche Schenkung Eigenthum der sieben Stühle geworden, indem König Ladislaus V. (Posthumus) im Jahre 1453 die königlichen Burgen Talmesch, Lauterburg und den rothen Thurm, die Orte Talmesch, Klein-Talmesch, Boicza, Plopi, Porcsesd, Ober- und Unterschebesch, das Praedium Kreuzerfeld und die Hälfte von Rakovicza den Sachsen der sieben Stühle verliehen hat. Auch die Bewohner des Talmescher Filialstuhles standen bis 1848 nicht im Genuss politischer Rechte und zählten ebensowenig zu den Eigenthümern des sächsischen Nationalvermögens wie die Bewohner des sächsischen Nobilitargutes Szelistye. Der Hermannstädter Magistrat war in Vertretung der sieben Richter Gutsverwalter und übte im Talmescher Filialstuhl die Jurisdiktion aus durch einen Senator als Dominal-Inspektor, unterstützt von einem Magistratskanzlisten als Dominal-Sekretär und von dem Talmescher Kastellan auf dem rothen Thurm. — Je ein Folioband enthält die Protokolle aus den Jahren 1732—1734, 1743; ein Folioheft 1746—1747.

5. Die Protokolle der sächsischen Nationsuniversität

beginnen mit dem Jahre 1544. Den einzelnen Sitzungsprotokollen geht eine Liste der Universitäts-Abgeordneten voraus. Je ein Band umfasst die Jahre:

1544—1563 [1] (alte Signatur: 4), 1615—1644 und 1665—1671 (in einem Bande, dessen alte Signatur: 8), 1650—1657 [1] (enthält auch gleichzeitige Landtagsberichte aus den Jahren 1652—1657 siehe unten Seite 42; alte Signatur: 10), 1664—1692 (alte Signatur: 11), Beschlüsse der sächsischen Nationsuniversität aus den Jahren 1691 bis 1700 finden sich in dem Sammelband: Acta et diaria diactalia Seite 422 ff. siehe unten Seite 40 ff. 1694—1705, 1714—1720, 1729 bis 1734, 1742—1744, 1745—1747, 1750—1751, 1751—1753,

---

[1] Ist mit einem Index versehen.

1754—1759, 1755—1772 (Auszug aus den betreffenden Sitzungsprotokollen nebst Index rerum und Index personarum), 1759—1763, 1764—1765, 1766—1771, 1771—1773, 1774—1776, 1780—1782, 1783—1784, 1790—1791, 1791 (Januar — September). Vom Jahre 1792 an werden die politisch-ökonomischen Angelegenheiten von den judiciellen (gerichtlichen), welche vor die sächsische Nationsuniversität als das Oberappellationsgericht der Sachsen gelangen, in besonderen Protokollen aufgezeichnet, welch' letztere indessen in den Reinschriften gewöhnlich zusammengebunden sind mit den Protokollen über politisch-ökonomische Gegenstände, im Koncept (Impurum) hingegen von diesen in besondere Hefte getrennt sind.

Es sind vorhanden aus den Jahren:

1792	3 Bände	politisch-ökonom.-judiciell. Inhalts.
1792	1 Band	judiciellen Inhalts.
1793—1794	1 Band	politisch-ökonomisch-judiciell.
1795	1 „	„ „ „
1796	1 „	„ „ „
1797	2 Bände	„ „ „
1799	1 Band	„ „ „
1799	1 „	judiciell.
1800	2 Bände	politisch-ökonomisch.
1800	2 „	judiciell.
1801—1802	1 Band	politisch-ökonomisch-judiciell.
1801—1802	1 Heft	politisch-ökonomisch, Impurum.
1801—1802	1 „	judiciell, Impurum.
1802	1 Band	politisch-ökonomisch-judiciell.
1802	1 Heft	politisch-ökonomisch, Impurum.
1802	1 „	judiciell, Impurum.
1803—1804	1 Band	politisch-ökonomisch-judiciell.
1803—1805	1 „	„ „ „
1803—1805	1 Heft	politisch-ökonomisch, Impurum.
1803	1 „	„ „ „
1803	1 „	judiciell, „
1804—1805	1 „	„ „
1805	1 Band	politisch-ökonomisch-judiciell.
1805	1 Heft	politisch-ökonomisch, Impurum.
1805	1 „	judiciell, „
1806	1 Band	politisch-ökonomisch-judiciell.

1806	1 Heft	politisch-ökonomisch,	Impurum.
1806	1 „	judiciell,	„
1807	2 Bände	politisch-ökonomisch,	
1807	2 „	„ „	Impurum.
1807	1 Band	judiciell.	
1807	2 Bände	„	Impurum.
1808—1809	1 Band	politisch-ökonomisch.	
1808—1810	1 „	judiciell.	
1808	2 Bände	politisch-ökonomisch,	Impurum.
1808	2 „	judiciell,	„
1809	1 Band	politisch-ökonomisch,	„
1809	1 Heft	judiciell,	„
1809—1810	1 „	politisch-ökonomisch.	
1809—1810	1 „	judiciell,	Impurum.
1810	1 Band	politisch-ökonomisch,	„
1810	1 Heft	judiciell,	„
1811—1812	1 Band	politisch-ökonomisch.	
1811—1814	1 „	judiciell.	
1811	1 Heft	politisch-ökonomisch,	Impurum.
1811	1 „	judiciell,	„
1812	1 Band	politisch-ökonomisch,	„
1812	2 Hefte	judiciell,	„
1813	2 Bände	politisch-ökonomisch (1 Impurum).	
1813	1 Band	judiciell,	Impurum.
1814	1 „	politisch-ökonomisch.	
1814	1 Heft	„ „	Impurum.
1814	1 „	judiciell,	„
1815	1 Heft	politisch-ökonomisch,	„
1815	1 Band	judiciell,	
1816	1 Heft	politisch-ökonomisch,	Impurum.
1817—1818	1 Band	„ „	
1817—1818	1 Band	und 1 Heft „	Impurum.
1817	1 „	judiciell.	
1818	1 „	„	
1819	1 „	politisch-ökonomisch.	
1820	1 Band	judiciell.	
1820—1821	1 „	politisch-ökonomisch.	
1821—1822	1 „	„ „	
1825	1 „	„ „	

1825—1827	1 Band	politisch-ökonomisch.	
1827—1828	1 „	judiciell.	
1827—1829	1 „	politisch-ökonomisch.	
1830—1831	1 „	„	„
1831—1832	1 „	„	„
1832—1833	1 „	„	„
1833	1 „	„	„
1833	1 „	judiciell.	
1835	1 „	politisch-ökonomisch.	
1836—1837	1 „	„	„
1836—1839	1 „	judiciell.	
1837—1838	1 „	politisch-ökonomisch.	
1838—1839	1 „	„	„
1840—1841	1 „	„	„
1840—1846	1 „	judiciell.	
1841	1 „	politisch-ökonomisch.	
1843	1 „	„	„
1845	1 „	„	„
1846	1 „	„	„
1846—1848	1 „	„	„

In der Handbibliothek des Archives befinden sich sämmtliche bisher im Druck erschienenen Protokolle der sächsischen Nationsuniversität.

Die „Verhandlungen der sächsischen Nationsuniversität vom 27. Juni bis 4. September 1861" sind nach privaten stenographischen Aufzeichnungen im Druck erschienen (Hermannstadt, Josef Drotleff 1861. 550 Seiten 8º). — Sodann wurden veröffentlicht Protokolle der sächsischen Nationsuniversität vom 25. November 1861 bis 17. Mai 1862. 54 Seiten 16º. Auf Veranlassung der sächsischen Nationsuniversität sind vom Jahre 1863 an gedruckt worden:

Verhandlungen der sächsischen Nationsuniversität vom 17. Januar bis zur Sitzung am 11. Mai 1863. Hermannstadt 1863. 550 Seiten. 8º.

— vom 9. Oktober 1865 bis zur Sitzung am 6. März 1866. Hermannstadt 1868. 138 Seiten. 8º.

— vom 11. November 1867 bis zur Sitzung am 28. Februar 1868. Hermannstadt 1869. 520 Seiten 8º.

Verhandlungsprotokolle des sächsischen National-Confluxes über die Sitzungen vom 15. September 1868 bis 31. December 1868. Hermannstadt 1869. 788 Seiten 8º.

Verhandlungsprotokolle des sächsischen National-Confluxes über die Sitzungen vom 10. Januar bis 27. Mai 1871. 2 Bände. Hermannstadt 1871 und 1872. Zusammen 921 Seiten 8⁰.

— über die Sitzungen vom 11. November bis 21. December 1872. Hermannstadt 1873. 264 Seiten 8⁰. Mit einer: Zusammenstellung der noch aufrechten Beschlüsse betreffend die aus Nationalmitteln dotirten Ackerbau- und Gewerbeschulen im Sachsenlande. Hermannstadt 1873. 87 Seiten 8⁰.

— über die Sitzungen vom 20. November 1873 bis 16. Februar 1874. Hermannstadt 1874. 383 Seiten 8⁰.

— über die Sitzungen vom 16. November bis 10. December 1874. Hermannstadt 1875. 264 Seiten 8⁰.

— über die Sitzungen vom 22. November bis 18. December 1875. Hermannstadt 1876. 413 Seiten 8⁰.

— über die Sitzungen vom 23. Oktober bis 6. November 1876. Hermannstadt 1878. 95 Seiten 8⁰.

Verhandlungsprotokolle der Generalversammlung der sächsischen Universität[1] über die Sitzungen vom 19. März bis 2. Mai 1877. Hermannstadt 1878. 480 Seiten 8⁰.

Verhandlungsprotokolle der Generalversammlung der Siebenrichter über die Sitzungen vom 19. März bis 2. Mai 1877. Hermannstadt 1878. 39 Seiten 8⁰.

Verhandlungsprotokolle der Generalversammlung der sächsischen Universität ... vom 27. August 1877 bis 17. December 1877. Hermannstadt 1878. 141 Seiten 8⁰.

} 1 Band

— vom 27. December 1877 bis 26. Jänner 1878 und 25. November bis 16. December 1878 in einem Band.[2]

— vom 1. bis 20. December 1879 und vom 25. November bis 22. December 1880 in einem Band.[2]

— vom 21. November 1881 bis 27. Januar 1882 und vom 20. November 1882 bis 8. Januar 1883 in einem Band.[2]

---

[1] Ueber die 1876 erfolgte Aufhebung der Wirksamkeit der sächsischen Nationsuniversität und der municipalen Einheit des Sachsenlandes vgl. den XII. Gesetzartikel ex 1876 „über den Königsboden (fundus regius), die Regelung der sächsischen Universität (universitas), sowie über das Vermögen der Universität und der sogenannten Siebenrichter"; ferner den XXXIII. Gesetzartikel ex 1876 „über die Regelung des Territoriums einiger Municipien und die hiemit in Verbindung stehenden Verfügungen".

[2] Die Verhandlungsprotokolle der Siebenrichter aus den betreffenden Sitzungsperioden sind in demselben gleichfalls veröffentlicht. Format: 8⁰.

Verhandlungsprotokolle der Generalversammlung der sächsischen Universität vom 12. November bis 15. December 1883 und vom 15. September bis 5. November 1884 in einem Band.[1] — vom 17. September bis 19. November 1885 in einem Band.[1]

Die besonderen Einreichungs- (Exhibit-) Protokolle der sächsischen Nationsuniversität datiren seit dem Jahre 1790 (siehe oben Seite 26 f.). Das Archiv bewahrt 16 Bände, je 1 Folioband aus den Jahren: 1790—1794, 1804—1806, 1807—1810, 1811—1813, 1814 bis 1816, 1817—1819, 1820—1821, 1824—1825, 1828—1830, 1831 bis 1834, 1835—1838, 1839—1842, 1843—1845, 1846—1847, 1848, 1849.

Indices zu den Akten der sächsischen Nationsuniversität enthält das Archiv 21 Foliobände, je 1 aus den Jahren:
1790—1795, 1796—1800, 1801—1804, 1805—1807, 1808 bis 1812, 1813—1816, 1816—1820, 1821—1823, 1824—1827, 1828 bis 1830, 1831—1833, 1834—1836, 1837—1839, 1840, 1841, 1842—1843, 1844—1845, 1846, 1847, 1848, 1849—1850.

6. Protokollbücher des sächsischen Komitiates,

der Kanzlei des Hermannstädter Königsrichters und Comes der sächsischen Nation. Einreichungs-(Exhibit-)Protokolle sind vorhanden je ein Folioband aus jedem einzelnen der Jahre 1801 (mit Index in einem Band vereinigt), 1804, 1808, 1809, 1810, 1811, 1812, 1813, 1816 bis 1823, 1825 bis 1845, 1847, 1849.

Indices sind vorhanden je ein Folioband aus jedem der Jahre 1803, 1808, 1819 bis 1826, 1827—1828 (in einem Band vereinigt), 1829 bis 1845, 1847.

7. Geschäftsbücher der sächsischen Nationalbuchhaltung:

54 Foliobände aus den Jahren 1805—1849.

8. Hermannstädter Komitatsprotokollbücher.

Von diesen bewahrt das Archiv auf: die Sitzungsprotokolle aus den Jahren 1784—1786, aus jedem Jahr einen Folioband; die Einreichungsprotokolle der Jahre 1784—1785, zum Theil von 1787, dann von 1788, 1789 (aus diesen beiden Jahren je zwei Bände) und 1790, endlich die Indices von 1786, 1787, 1788, 1789 und 1790, je 1 Folioband.

---

[1] Die Verhandlungsprotokolle der Siebenrichter aus den betreffenden Sitzungsperioden sind in demselben gleichfalls veröffentlicht. Format: 8⁰.

9. Siebenbürgische Landtagsartikel und -Protokollbücher.

Ueber die siebenbürgischen Landtagsartikel (Acta diaetalia oder Acta comitialia), welche nicht in der Urkundenabtheilung aufbewahrt werden, sondern theils in Aktendeckel eingelegt theils in Bände eingebunden im Archiv vorhanden sind, folgt hier eine Uebersicht. Zuerst ist der Tag, auf welchen, dann der Ort angesetzt, in welchen der betreffende Landtag einberufen worden ist. Darauf folgt eine Bemerkung über die Ueberlieferungsform (ob Original oder Kopie) des Stückes. Alle Artikel sind auf Papier und in Folio ausgefertigt. Die Landtagsprotokolle aus den Jahren 1742 bis 1795, geführt und geschrieben von sächsischen Landtagsabgeordneten, ferner die gedruckten Landtagsprotokolle 1810—1841 sind gleichfalls hier verzeichnet.

1536 Juni 23. Maros-Vasarhely. Gleichzeitige Abschrift von dem Stadt- und Provincialnotarius Lucas Trapoldinus, 6 Blätter.
1540 April 23. Thorda.[1]
1540 August 29. Thorda.[1]
1542 Januar 26. Maros-Vasarhely.[1]
1542 December 20. Thorda. Gleichzeitige Abschrift, 2 Bl.
1542 „ 22. „ „ „ 2 „
1543 Februar 26. Klausenburg.[1]
1543 November 29. Maros-Vasarhely. Gleichzeitige Abschrift, 1 Bl.
1544 August 1. Thorda. Gleichzeitige Abschrift, 2 Bl.
1545 April 24. Thorda.[1]
1545 Oktober 28. Thorda.[1]
1545 November 1. Thorda. Gleichzeitige Abschrift, 1 Bl.
1548 Mai 24. Thorda.[1]
1548 September 8. Klausenburg. Gleichzeitige Abschrift, 2 Bl.
1551 März 1. Nagy-Enyed.[1]
1552 Januar. Gleichzeitige Abschrift 2 Bl.
1553 Januar 20. Klausenburg.[1]
1554 „ 25. Maros-Vasarhely.[1]
1554 Mai 12. Maros-Vasarhely.[1]

[1] Abschrift aus den Jahren 1823—1824. In diesen Jahren haben mehrere „sächsische Nationalstipendisten", Michael Friedrich Arz, Joseph Friedrich Bell, Wilhelm Conrad, Samuel von Kesslern, D. Friedrich von Seeberg und Friedrich Zimmermann, von siebenbürgischen Landtagsartikeln, deren Originale sich im Archiv der evangelischen Landeskirche A. B. befinden, Abschriften für das Archiv angefertigt.

1554 (Datum der Artikel: Juni 10.) Mediasch.[1]
1555 Juli 13. Thorda.[1]
1555 December 23. Maros-Vasarhely.[1]
1556 August 10. Klausenburg.[1] Zwei Abschriften.
1556 November 25. Klausenburg.[1] Auch Abschrift aus dem 17. Jahrhundert, 8 Bl. (vier Blätter enthalten die Artikel des auf den 29. September 1558 einberufenen Landtages).
1556 November 25. Klausenburg.[1] Articuli rectificationis artificum manuariorum.
1557 Februar 6. Weissenburg.[1]
1557 Juni 1. Thorda.[1] Zwei Abschriften.
1558 März 27. Thorda.[1]
1558 Juni 5. Weissenburg.[1]
1558 September 29. Weissenburg.[1] Auch Abschrift aus dem 17. Jahrhundert, siehe oben 1556 November 25.
1559 Juni 12. Weissenburg. ⎫
1560 März 10. Nagy-Enyed. ⎭ 1 Heft.[1]
1561 November 11. Klausenburg.[1]
1562 Juni 20. Schässburg.[1]
1562 November 4. Weissenburg.[1]
1562 November 30. Hermannstadt.[1]
1563 Juni 6. Thorda.[1]
1564 „ 4. Thorda.[1]
1564 „ 21. Schässburg.[1]
1565 „ 22. Klausenburg.
1565 Oktober 8. Kolosmonostor.
1566 März 10. Thorda. ⎬ 1 Heft.[1]
1566 Mai 28. „
1566 November 30. Hermannstadt.
1567 September 8. Weissenburg.
1568 Januar 6. Thorda. ⎬ 1 Heft.[1]
1568 Mai 1. Thorda.
1582 April 29. Weissenburg. Original, 2 Bl.
1582 September 16. Weissenburg. Original, 2 Bl.
1583 März 6. Stephan Bathori, König von Polen, bestimmt die Form der siebenbürgischen Regentschaft, gleichzeitige Abschrift, 4 Bl.
1583 März 24. Weissenburg. Original, 4 Bl., auch gleichzeitige Abschrift, 3 Bl.

[1] Abschrift aus den Jahren 1823—1824.

1588 December 8. Mediasch. Original, 6 Bl. und gleichzeitige Abschrift, 8 Bl.
1588 Midvescher Landtagsprocess, beschriben durch Albertum Huett. Königsrichternn der Hermanstadt. Original (der Schluss, wahrscheinlich ein Blatt, fehlt) in dem Sammelband: Acta et diaria diaetalia Seite 13 bis 34.
1589 Oktober 21. Nagy-Enyed. Gleichzeitige Abschrift, 2 Bl.
1591 April 21. Thorda.[1] Original, 2 Bl.
1591 Juni 20. Weissenburg. Original, 2 Bl.
1591 November 1. Weissenburg.[1]
1593 September 1. „ Original, 4 Bl.
1594 Februar 2. Weissenburg. Original, 6 Bl. und gleichzeitige Abschrift, 4 Bl.
1594 August 17. Klausenburg. Original, 4 Bl.
1595 April 16. Weissenburg. Gleichzeitige Abschrift, 8 Bl.
1596 April 21. Klausenburg. Gleichzeitige Abschrift, 5 Bl.
1596 November 30. Weissenburg. Original, 6 Bl.
1597 April 17. Weissenburg. Original, 10 Bl.
1598 März 23. „ „ 4 Bl.
1599 „ 21. Mediasch. Original, 8 Bl.
1599 Juni 7. Klausenburg.[1]
1599 November 20. Weissenburg. Original, 6 Bl.
1600 Juli 20. Weissenburg. Original, 4 Bl.
1600 September 9. Thorda. Gleichzeitige Abschrift, 1 Bl.
1600 Oktober 25. Leczfalva. Original, 6 Bl.
1602 August 23. Mediasch. „ 6 „
1605 December 1. Karpfen. Gleichzeitige Abschrift, 6 Bl.
1607 Januar 22. Klausenburg. Original, 4 Bl.
1608 März 12. o. O. gleichzeitige Abschrift, 2 Bl.
1608 August 9. Weissenburg. Original, 2 Bl.
1609 Oktober 9. Klausenburg. „ 2 „
1610 December 17. Hermannstadt. „ 2 „
1611 April 23. Hermannstadt. Original und gleichzeitige Abschrift, je 4 Bl.
1612 Mai 15. Hermannstadt. Original, 8 Bl.
1613 Mai 1. Hermannstadt. Original und gleichzeitige Abschrift, je 6 Bl.
1614 Februar 23. Mediasch. Abschrift aus dem 18. Jahrhundert.

[1] Abschrift aus den Jahren 1823—1824.

1615 Mai 3. Weissenburg. Original, 6 Bl.
1615 September 27. Klausenburg. Abschrift des Artikel 9, aus dem 19. Jahrhundert.
1616 April 17. Weissenburg. Original, 4 Bl.
1616 Mai 20. Disciplina militari in expeditione Lippensi a principe Gabriele Bethlen exhibita. Original, 4 Bl.
1617 Mai 4. Weissenburg. Original, 4 Bl.
1618 April 12. Weissenburg. „ 4 „
1618 Oktober 4. Klausenburg. „ 6 „
1619 Mai 5. Weissenburg. „ 14 „
1619 „ 5. Articuli unionis inter principem Gabrielem Bethlen Transsilvaniae et Gabrielem Mogyla vaivodam Walachiae, gleichzeitige Abschrift. 4 Bl.
1619 September 21. Kaschau. } 1 Heft, beglaubigte Abschrift aus
1624 Juni 23. Weissenburg. } dem Stadtarchiv Kronstadt vom 31. December 1824.
1620 April 5. Weissenburg. Original, 4 Bl.
1620 September 29. Weissenburg. Original, 4 Bl.
1621 April 24. „ „ 2 „
1622 Mai 1. Klausenburg. „ 4 „
1622 September 29. Bistritz. Original-Druck, 8 „
1623 Mai 14. Weissenburg. „ „ 8 „
1624 Juni 23. „ siehe oben 1619 September 21.
1625 Mai 1. „ Original-Druck, 6 Bl.
1625 „ 29. „ Limitatio (Preisbestimmung) Original-Druck, 2 Stücke, 14 und 7 Bl.
1626 Mai 24. Weissenburg. Original-Druck, 8 Bl.
1627 April 30. „ Limitatio, beglaubigte Abschrift aus dem Stadtarchiv Kronstadt vom 4. Januar 1825.
1628 April 9. Weissenburg. Original-Druck, nicht besiegelt, 4 Bl.
1628 Gleichzeitiger Bericht über diesen Landtag im Sammelband: Acta et diaria diaetalia Seite 41 bis 42.
1630 Januar 25. Weissenburg. Original-Druck, nicht besiegelt, 22 Bl.
1630 Juli 10. Mediasch. Original-Druck, 4 Bl.
1630 December 20. Weissenburg. Original-Druck, nicht besiegelt, 3 Bl. (ist unvollständig, die eigentlichen Articuli et conditiones I—XV fehlen).
1631 Juni 5. Weissenburg. Original-Druck, nicht besiegelt, 8 Bl.

1632 Mai 1. Weissenburg. Gleichzeitige Abschrift, 6 Bl.
1632 „ 11. „ Georg Rakoczy urkundet betreffend die Truppen, gleichzeitige Abschrift, 4 Bl.
1633 April 24. Weissenburg. Original-Druck, 8 Bl.
1633 August 21. „ „ „ 4 „
1634 Mai 12. „ „ „ 6 „
1635 „ 13. Weissenburg. Original-Druck, nicht besiegelt, 10 Bl.
1636 Februar 15. Klausenburg. Original-Druck, 4 Bl.
1640 April 24. Weissenburg. Abschrift aus dem 18. Jahrhundert, 8 Bl.
1641 April 23. Weissenburg. Original-Druck, 6 Bl.
1642 Februar 16. „ „ „ nicht besiegelt, 8 Bl. Ein zweites Exemplar dieser Landtagsartikel ist beigebunden den Approbatae constitutiones, siehe unten VII. Gesetzbücher.
1642 August 1. Weissenburg. Limitatio, Original-Druck, nicht besiegelt, 28 Bl.
1644 Januar 3. Weissenburg. Original-Druck. 6 Bl.
1645 April 16. „ „ „ nicht besiegelt, 4 Bl.
1646 März 11. „ „ „ 5 Bl.
1647 „ 16. Weissenburg. Original-Druck, 5 Bl. und beglaubigte Abschrift aus dem Stadtarchiv Kronstadt vom 4. Januar 1825.
1648 März 16. Weissenburg. Original-Druck mit Unterschrift aber nicht besiegelt. 10 Bl.
1649 März 23. Weissenburg. Original-Druck, 12 Bl.
1650 „ 20. „ „ „ 12 „ in Umschlag.
1651 Februar 12. „ „ „ 12 „
1652 „ 18. „ [1]
1654 Januar 18. „ [1]
1656 Februar 20. „ Original-Druck, nicht besiegelt, unvollständig, 7 Bl.
1657 Januar 17. Visk. Original-Druck, 2 Bl.
1657 Juni 14. Weissenburg. Conclusiones dominorum regnicolarum trium nationum regni Transilvaniae.[1]
1657 Oktober 25. Weissenburg. Gleichzeitiger Bericht über diesen Landtag in Andreas Frank Acta comitialia (Folioband, 336 Seiten, in Pergamentumschlag) Seite 1—5.

[1] Abschrift aus den Jahren 1823—1824. — Berichte des Stadt- und Provincialnotarius Johann Simonius über die Landtage in den Jahren 1652 bis 1657 finden sich in dem Universitätsprotokollbuch 1650—1657.

1658 Januar 9. Mediasch. Gleichzeitiger Bericht, ebendaselbst, Seite 5. dann 9.
1658 Oktober 5. Schässburg. Gleichzeitiger Bericht, ebendaselbst, Seite 41.
1658 November 6. Maros-Vasarhely. Gleichzeitiger Bericht, ebendaselbst. Seite 49.
1659 Februar 26. Bistritz. Gleichzeitiger Bericht, ebendaselbst, Seite 69.
1659 Mai 24. Mühlbach. Gleichzeitiger Bericht, ebendaselbst, Seite 99.
1659 August 20. Campus Keresztes. Gleichzeitiger Bericht, ebendaselbst, Seite 111.
1659 September 24. Maros-Vasarhely. Gleichzeitiger Bericht, ebendaselbst, Seite 127.
1660. Schellenberg. Instruktion für die Hermannstädter Landtagsabgeordneten im Sammelband: Acta et diaria diaetalia Seite 47. Original.
1660 Oktober 25. Schässburg. Gleichzeitiger Bericht über diesen Landtag in Andreas Frank Acta comitialia Seite 277.
1660 December 24. Sächsisch-Reen. Gleichzeitiger Bericht über diesen Landtag in Andreas Frank Acta comitialia Seite 289.
1662 März 10. Görgeny-Szentimre. Gleichzeitiger Bericht im Sammelband: Acta et diaria diaetalia Seite 79.
1663 Februar 22. Kaisd. Gleichzeitiger Bericht im Sammelband: Acta et diaria diaetalia Seite 95.
1664 November 1. Schässburg. Gleichzeitiger Bericht im Sammelband: Acta et diaria diaetalia Seite 109.
1665 September 10. Radnoth. Gleichzeitiger Bericht im Sammelband: Acta et diaria diaetalia Seite 137.
1665 November 8. Weissenburg. Gleichzeitiger Bericht im Sammelband: Acta et diaria diaetalia Seite 149.
1666 Februar 1. Fogaras. Gleichzeitiger Bericht im Sammelband: Acta et diaria diaetalia Seite 157 und Original-Druck, nicht besiegelt, 8 Bl.
1667 April 20. Weissenburg. Gleichzeitiger Bericht im Sammelband: Acta et diaria diaetalia Seite 177.
1668 Januar 10. Bistritz. Gleichzeitiger Bericht im Sammelband: Acta et diaria diaetalia Seite 186 und 194, ferner Original-Druck, nicht besiegelt, 10 Bl. und gleichzeitige Abschrift, 8 Bl.

1668 Juli 25. Radnoth. Gleichzeitiger Bericht im Sammelband: Acta et diaria diaetalia Seite 219.
1669 Januar 25. Weissenburg. Original-Druck, nicht besiegelt, 8 Bl. Ein zweites Exemplar dieser Landtagsartikel ist beigebunden den Approbatae constitutiones, siehe unten VII. Gesetzbücher.
1669 Gleichzeitiger Bericht über diesen Landtag im Sammelband: Acta et diaria diaetalia Seite 231 und 239.
1669 Auszug aus den Artikeln dieses Landtages, Abschrift vom 7. December 1790.
1670 Februar 15. Weissenburg. Gleichzeitiger Bericht im Sammelband: Acta et diaria diaetalia Seite 271 und Auszug aus den Artikeln in Abschrift vom 7. December 1790.
1670 December 1. Weissenburg. Gleichzeitige Abschrift, 10 Bl. und Bruchstück einer zweiten Abschrift, 6 Bl.
1671 November 25. Weissenburg. Gleichzeitiger Bericht im Sammelband: Acta et diaria diaetalia Seite 325.
1672 Juli (ohne Tagesdatum). Radnoth. Gleichzeitiger Bericht im Sammelband: Acta et diaria diaetalia Seite 345.
1672 Oktober 10. Weissenburg. Gleichzeitiger Bericht im Sammelband: Acta et diaria diaetalia Seite 347 und gleichzeitige Abschrift der Artikel, 2 Bl., dann Auszug in Abschrift vom 7. December 1790.
1675 Mai 25. Weissenburg. Original-Druck, nicht besiegelt, 6 Bl., zwei gleichzeitige Abschriften, je 4 Bl.
1675 November 25. Weissenburg. Original-Druck, nicht besiegelt, 6 Bl. und gleichzeitige Abschrift 4 Bl.
1676 November 21. Weissenburg. Gleichzeitiger Bericht im Sammelband: Acta et diaria diaetalia Seite 359, 363 und 367.
1678 Februar 15. Fogaras. Gleichzeitiger Bericht im Sammelband: Acta et diaria diaetalia Seite 383.
1682 November 21. Weissenburg. Gleichzeitige Abschrift, 2 Bl.
1685 Februar 22. Fogaras. Gleichzeitiger Bericht, 2 Bl., ferner gleichzeitige Aufzeichnung im Sammelband: Acta et diaria diaetalia Seite 395.
1686 Oktober 19. Weissenburg. Gleichzeitiger Bericht im Sammelband: Acta et diaria diaetalia Seite 398.
1687 Juli 26. Radnoth. Verzeichniss der Mitglieder desselben ebendaselbst Seite 402.

1689 Januar 25. Schreiben des Schässburger Bürgermeisters Deli in Landtagssachen ebendaselbst Seite 410.

1691 Januar 10. Fogaras. Gleichzeitiger Bericht ebendaselbst Seite 414.

1693 September 18. Thorda. Gleichzeitiger Bericht ebendaselbst Seite 442.

1694 Februar 25. Klausenburg. Gleichzeitiger Bericht ebendaselbst Seite 470.

1694 Februar 25. Klausenburg. Puncta nationis Saxonicae ebendaselbst Seite 508.

1694 December 12. Maros-Vasarhely. Postulata nationis Saxonicae ebendaselbst Seite 512.

1695 Februar 26. Klausenburg. Postulata Saxonicae nationis ebendaselbst Seite 496.

1695 December 15. Maros-Vasarhely. Vorstellung der sächsischen Nation an diesen Landtag ebendaselbst Seite 490.

1696 Januar 5. Maros-Vasarhely. Bericht des Johann Zabanius ebendaselbst Seite 516.

1696 September 19. Weissenburg. Postulata universitatis Saxonicae nationis ebendaselbst Seite 524.

1696 gleichzeitiger Bericht ebendaselbst Seite 528.

1697 März 9. Klausenburg. Acta comitialia ebendaselbst Seite 556.

1698 Juni 9. Weissenburg. Gleichzeitiger Bericht ebendaselbst Seite 600.

1698 Oktober 20. Weissenburg. Gleichzeitiger Bericht ebendaselbst Seite 624.

1698 Oktober 20. Weissenburg. Protestatio nationis Saxonicae ratione novae contribuendi methodi ebendaselbst Seite 670.

1699 Januar. Schässburg. Eingabe (Repräsentatio) der sächsischen Nationsuniversität vom 31. Januar 1699 an General Rabutin ebendaselbst Seite 686.

1699 gleichzeitiger Bericht über den Schässburger Landtag ebendaselbst Seite 710.

1700 Februar 5. Weissenburg. Acta comitiorum ebendaselbst Seite 748.

1700 Instruktion vom 6. December 1700 für den kaiserlichen Kommissär Graf Johann Friedrich Seeau, wie sich derselbe auf dem siebenbürgischen Landtag zu verhalten habe.

1742 Hermannstadt. Verhandlungsprotokolle März 1 bis Juni 29, dann August 20 bis Oktober 16.[1] 2 Foliohefte.
1743 bis 1747 verschiedene Aktenstücke, siebenbürgische Landtage betreffend. 1 Bündel.
1744 Januar 8 bis März 27, dann April 27 bis Juli 1 und November 12 bis December 17. Hermannstadt. Verhandlungsprotokolle, 3 Foliohefte.
1744 Articuli diaetales principatus Transylvaniae anni MDCCXLIV. Original-Druck, 14 Bl. in Umschlag.
1745 Juni 2 bis 15. Hermannstadt. 6 Bl.
1746 Februar 15 bis März 26 und April 28 bis Juli 6. Hermannstadt. Verhandlungsprotokolle, 1 Folioheft.
1747 Articuli diaetales, Original-Druck. 6 Bl.
1747 Januar 23 bis 1750 September 18. Hermannstadt. Verhandlungsprotokolle, 1 Folioband.
1751 Januar 19 bis Mai 11 und September 1 bis Oktober 17. Hermannstadt. Verhandlungsprotokolle, 12 Foliohefte.
1751 Articuli diaetales. Original-Druck, 6 Bl.
1752 August 21 bis Oktober 6. Hermannstadt. Verhandlungsprotokolle, 1 Folioheft.
1753 August 21 bis Oktober 11. Hermannstadt. Verhandlungsprotokolle, 1 Folioheft.
1754 August 21 bis Oktober 8. } Hermannstadt, Verhandlungs-
1755 „ 21 „ „ 11. } protokolle, 1 Folioheft.
1757 „ 22 „ „ 3. }
1761 September 7 bis Oktober 22. Hermannstadt. Verhandlungsprotokolle, 2 Foliohefte.
1790 Sammlung von politisch-ökonomisch und gerichtlichen Gegenständen, welche als Beschwerden oder gravamina von Seiten der sächsischen Nation auf nächstkünftigem Landtag 1790 vorzubringen und zu betreiben wären mit dem Abschluss der löblichen Universität und weiteren Gutachten derselben. Ein Folioheft 138 Seiten.
1790 Verzeichniss der Gegenstände, welche in Absicht des bevorstehenden siebenbürgischen Landtages in Ueberlegung zu nehmen kommen, datirt: Hermannstadt 5. August 1790. Ein Folioheft, 157 Seiten.

[1] Von hier an sind ausführliche Verhandlungsprotokolle, geführt von sächsischen Abgeordneten vorhanden. Es wird hinfort der erste und letzte Sitzungstag angegeben, über welche in denselben berichtet wird.

1790 December 21 bis 1791 August 9. Klausenburg. Proiectum articulorum diaetalium, gleichzeitig geschrieben, 1 Folioheft.
1792 August 21 bis Oktober 20. Klausenburg. Journal über die Verhandlungen des siebenbürgischen Landtags, geschrieben von Senator Johann Georg Conradt. 1 Folioband, 262 Seiten.
1794 November 12 bis 1795 April 2. Klausenburg. Landtags-Journal gleichzeitig geschrieben, 1 Folioband.
1810 Juli 9 bis 1811 September 18. Klausenburg. Landtagsprotokoll und Artikel, 1 Folioband, Druck, 1233 Seiten und Index.
1834 Mai 26 bis 1835 Februar 6. Klausenburg. Landtagsprotokoll und Landtagsakten, 1 Folioband, Druck, 382 und 171 Seiten.
1837 Mai 22 bis 1838 März 31. Klausenburg. Landtagsprotokoll, 1 Folioband, Druck, 1952 Seiten.
1841 November 15 bis 1842 Februar 4. Klausenburg. Landtagsprotokoll, 1 Folioband, Druck, 784 und LIX Seiten.
1841 Landtagsakten, 1 Folioband, Druck, 416 Seiten.

10. Theilungsbücher.

In den Theilungsbüchern sind die Verlassenschafts-Verhandlungen sammt den Verzeichnissen des von den Verstorbenen hinterlassenen beweglichen wie unbeweglichen Vermögens eingetragen. Zur Durchführung der „Theilungen" war ein besonderes Theilamt (Divisoratus) eingesetzt, welches die Theilungsangelegenheiten von Stadt und Stuhl Hermannstadt von einander gesondert verhandelte. Die vorhandenen Stadt-Theilungsbücher beginnen mit dem Jahre 1573 beziehungsweise 1590, die Stuhls-Theilungsbücher mit dem Jahre 1739. Von dem Jahre 1670 angefangen scheiden sich die Reinschriften der Stadt-Theilungsbücher in solche, welche die Oberstadt, und in solche, welche die Unterstadt allein betreffen, aber die Koncepte der Bücher betreffen die ganze Stadt. Die Theilungen aus den Vorstädten sind in besonderen Büchern verzeichnet, deren ältestes in das Jahr 1736 zurückreicht. Die Theilungsbücher enthalten reiches Material zur Lokal-, besonders zur Kulturgeschichte der Stadt Hermannstadt und des gleichnamigen Stuhles.

a) Theilungsbücher der Stadt Hermannstadt.

In der hier folgenden Uebersicht ist der Zeitraum angegeben, aus welchem, wenn Anderes nicht bemerkt wird, je ein Folioband vorhanden ist. Durch die nachgesetzten Buchstaben O, U und V werden jene Bücher kenntlich gemacht, welche die Oberstadt, beziehungsweise Unterstadt oder die Vorstädte allein betreffen.

1573. Theilung nach Jörg Künder, 1 Heft.
1590—1591.
1591.
1592.
1592—1593.
1594—1596.
1611—1615. Der reich verzierte Einband rührt von einer Konsularrechnung her; derselbe hat auf dem einen Deckel die Aufschrift: Regestrum 1547.
1614—1619.
1616—1623. Mit einer Notiz über Blitzschläge in die Hermannstädter evangelische Pfarrkirche. Siehe Korrespondenzblatt des Vereins f. siebenb. Landeskunde l. 112.
1624—1626.
1627—1631.
1628—1632.
1631.
1632—1636. Eingebunden in schwarzes Pergament; in Golddruck darauf das Epitaphium des 1600 verstorbenen Superintendenten Lucas Vnglerus, Cibinii typis Simonis Grüngrass.
1636—1637.
1636—1638.
1637—1641.
1640—1644.
1645—1646.
1645—1647.
1647—1648.
1648.

1648—1649. Enthält auf zehn Seiten Angaben über den Gehalt sächsischer Municipalbeamten im Jahre 1644, über die Steuerrepartition auf die sächsische Nation, über Beiträge zu dem Martinszins aus dem Hermannstädter Stuhl.
1649—1650.
1650—1651.
1651. Theilung nach Frau Katharina Kirtschner, 1 Heft.
1651.
1651—1652.
1652. Auf der Innerseite des Hinterdeckels ist das „Einmaleins" aufgeklebt, gedruckt im Jahr 1646.
1652—1653.
1653.
1653—1654. 2 Bände.
1654. 2 Bände.
1654—1655.
1655—1656.
1655—1657.
1655—1658.
1656—1658.
1657—1658.
1658—1659.
1659—1660.
1660. 4 Bände.
1660—1661.
1661. 2 Bände.
1661—1662. 2 Bände.
1662—1663.
1663—1665.
1665—1670.

1667—1668.
1668—1670.
1669. Theilung nach Johann Simonius. Provincialbürgermeister.
1670—1672. U.
1672—1675. U.
1672—1677. 2 Bände. O.
1675—1679. U.
1679—1681. O.
1679—1681. U.
1681—1682. O.
1681—1683. U.
1682. Theilung nach Frau Katharina Stampin.
1682—1683. O.
1683—1685. 2 Bände. O.
1683—1685. U.
1685—1686. U.
1685—1687. O.
1687. O.
1687—1688. U.
1688. O.
1688.
1688—1689. U.
1690. U.
1691. U.
1691—1693. U.
1693. U.
1693—1696.
1694—1696. U.
1695—1696.
1696—1697.
1696—1698. U.
1697—1702. 1 Band und 1 Heft.
1698.
1698—1699. U.
1698—1701. O.
1699—1700. U.
1700—1701.

1702.
1702—1703.
1702—1704. U.
1704. O.
1704—1705.
1704—1706.
1704—1708. 1 Bündel.
1705—1706.
1706—1707.
1707.
1707. U.
1707—1709. U.
1708—1711. O.
1709—1711. U.
1711—1713. U.
1712. 1 Stück.
1713—1715. U.
1714—1716. U.
1715—1716. U.
1715—1717. Koncept (Rabulatur.)
1716. 6 Stücke.
1716—1717. Koncept.
1717.
1717—1719. Koncept.
1717—1719. O.
1717—1720. U.
1718. 2 Hefte.
1719.
1719—1720.
1719—1720. O.
1720. U.
1720—1721. O.
1720—1723. U.
1721—1724. O.
1722—1725.
1724—1726. O.
1726—1728. O.
1727—1730.
1728—1730. O.

4

1730—1731.
1730—1732. O.
1730—1732. U.
1731—1733.
1732—1734.
1732—1734. U.
1734—1735. U.
1734—1735. O.
1734-1742. 4 Bündel in Quart.
1735—1736. U.
1735—1736.
1735—1736. O.
1736.
1736. U.
1736—1738. V.
1736—1737. O.
1736—1737.
1737—1738. U.
1737—1738. O.
1739.
1739—1740.
1740. 2 Bände.
1740—1741.
1740—1742.
1740—1750. V.
1741—1743.
1742—1743.
1742—1746.
1743—1745.
1745—1747.
1746—1747. U.
1746—1748.
1746—1750.
1747. Theilung nach Georg Czinss.
1747—1748.
1747—1749. U.
1748—1749.
1748—1750. U.
1749—1750. 2 Bände.

1750—1751.
1750—1752.
1750—1752. U.
1750—1753.
1750—1753. V.
1751—1752.
1752—1753. U.
1752—1754.
1752—1754. U.
1753—1754. V.
1753—1755. U.
1753—1757. O.
1754—1755.
1754—1755. U.
1755—1757. 2 Bände. U.
1756—1757.
1757—1758. O.
1757—1758. U.
1757—1759. U.
1758. O.
1758—1761. O.
1758—1761. U.
1759—1760. O.
1759—1761.
1759—1762. U.
1759—1768. V.
1761—1762. O.
1761—1763. O.
1762—1763. U.
1762—1765.
1763. U
1763—1764. O.
1763—1765. O.
1764—1765. U.
1764—1766. O.
1765—1766.
1765—1766. O.
1766—1767. U.
1766—1768. 2 Bände. O.

1768—1769. 2 Bände. O.	1783—1786. O.
1768—1770. U.	1784—1785. 1 Band und 3 Hefte.
1768—1774. V.	1786—1788. O.
1768—1776. V.	1788. O.
1769—1774.	1788—1790. O.
1770—1772. O.	1789. 1 Heft.
1772—1774. O.	1790—1791. 2 Hefte.
1772—1774. U.	1790—1794. V.
1773—1774.	1790—1803. Enthält Nachlass-
1774—1775.	verhandlungen aus Hermann-
1774—1775. U.	städter Stadtbesitzungen.
1774—1776. O.	1791—1793. 1 Bündel.
1775.	1793—1794. 1 Heft.
1775—1777. U.	1793—1794. 1 Bündel. O.
1776. 2 Hefte.	1794. V.
1776—1778.	1794—1795.
1776—1780. V.	1796—1797. 1 Heft. U.
1777—1779. U.	1796—1799. O.
1778—1779. 1 Heft.	1797. 1 Heft. U.
1778—1783. O.	1797—1798. 1 Heft. U.
1780—1781. 1 Heft.	1802. Theilung nach Frau Chri-
1781. 1 Heft.	stina Sophia Binder von Sach-
1781—1784. U.	senfels.
1782—1784. 1 Heft.	1808. 1 Heft. U.
1783—1784. 1 Heft.	1820—1822. 1 Heft. O.

b) **Theilungsbücher des Hermannstädter Stuhles.**

Der alte Hermannstädter Stuhl umfasste folgende Landgemeinden: Baumgarten (Bongard), Burgberg, Freck, Girelsau, Grossau, Grossscheuern, Gunzendorf (Poplaka), Guraro, Hahnbach, Hamlesch, Hammersdorf, Heltau, Kastenholz, Kleinscheuern, Moichen, Neudorf, Neppendorf, Reussdörfchen, Rothberg, Schellenberg, Städterdorf (Resinar),[1] Stolzenburg, Szakadat, Thalheim, Westen (Gränzer-Gemeinde), Zood.

1739—1743.	1747.
1743—1746.	1747—1767.
1745—1746.	1749.

[1] Städterdorf (Resinar) wurde im Jahre 1788 aus dem Gebiet der Stadt Hermannstadt ausgeschieden und dadurch zu einer selbstständigen Gemeinde erhoben.

— 52 —

1750—1751.	1774—1776.
1751—1752.	1776—1777. 1 Band und 1 Heft.
1752—1753.	1777—1780.
1753—1754.	1780—1781.
1754—1755.	1783—1784.
1755—1756.	1784—1785. 2 Hefte.
1756—1759.	1785—1794.
1758—1759.	1790—1791.
1760—1764.	1793. 1 Bündel.
1764—1770.	1794. 1 Bündel.
1766—1768.	1795.
1768—1774.	1796.
1770—1771.	1797.
1771—1772. 2 Bände.	1799—1802. 2 Hefte.
1772—1774.	

11. Hermannstädter Nachbarschaftsbücher.

Eine der wichtigsten Quellen der Lokalgeschichte Hermannstadts sind die von den Vorstehern der Nachbarschaften, deren es in der Stadt und den Vorstädten nach der Ordnung von 1857 32 gab, den Nachbarhannen geführten Geschäftsbücher. Darin finden sich Einnahmen und Ausgaben der Nachbarschaften, Ordnungen (Artikel) und Beschlüsse derselben, Listen der Mitglieder, Inventare des nachbarschaftlichen Besitzes verzeichnet. Je ein Band ist vorhanden von der Nachbarschaft

	mit Aufzeichnungen aus den Jahren
der Oberen Heltauergasse .	1604—1740. Folio.
„ „ „	1654—1740. Quart.
„ „ „	1741—1854. „
„ Unteren „	1627—1834. „
„ Oberen Wiese	1596—1631. Folio.
„ „ „	1632—1703. „
„ „ „	1652—1839. Quart.
„ „ „	1704—1763. Folio.
„ „ „	1761—1838. Schmalfolio.
„ „ „	1763—1861. Folio.
„ „ „	1775—1785. Schmalfolio.
„ Unteren „	1652—1779. Quart.
„ „ „	1673—1833. Schmalfolio.

		mit Aufzeichnungen aus den Jahren	
der Unteren Wiese		1696—1800.	Schmalfolio.
„ „ „		1725—1797.	„
„ „ „		1725—1846.	„
„ „ „		1779—1846.	Quart.
des Grossen und Kleinen Ringes		1582.	Folioheft.
„ „ „ „ „		1584—1636.	Folio.
„ „ „ „ „		1633—1782.	„
„ „ „ „ „		1679—1760.	Quart.
„ „ „ „ „		1769—1844.	„
„ „ „ „ „		1833—1849.	„
der Sporergasse . .		1667—1744.	Folio.
„ „ .		1669—1795.	„
„ „		1744—1795.	„
„ „		1802—1861.	„
„ Kleinen Erde .		1714—1750.	Schmalfolio.
„ „ „		1751—1823.	„
„ Reispergasse		1615—1652.	Oktav.
„ „		1657—1732.	Folio.
„ „ .		1732—1880.	„
„ Fleischergasse . .		1740—1824.	„
„ Quergasse .		1652—1778.	Quart.
„ „		1656—1854.	Schmalfolio.
„ „		1684—1851.	„
„ „		1706—1785.	Quart.
„ „ . .		1780—1849.	Oktav.
des Hundsrücken .		1637—1856.	Folio.
„ „		1685—1779.	Quart.
„ „		1685—1857.	Schmalfolio.
„ „		1768—1857.	„
der Kempelgasse		1651—1856.	„
„ „		1655—1855.	Quart.
„ „		1734—1845.	„
„ Saggasse		1652—1783.	Folio.
„ „		1675—1781.	Schmalfolio.
„ „ . .		1773—1854.	Quart.
„ Grosser Bach .		1625—1850.	Folio.
„ „ „		1675—1855.	Quart.
„ „ „		1763—1826.	„

		mit Aufzeichnungen aus den Jahren
der Burgergasse		1577—1855. Schmalfolio.
„	„	1577—1856. Quart.
„	„	1652—1855. „
„	„	1742—1762. Schmalfolio.
„	Lederergasse	1697—1732. „
„	„	1783—1865. Quart.
„	„	1790—1865. Folio.
„	Oberen Elisabethgasse .	1812—1879. „
„	Unteren „	1705—1857. Quart.
„	„ „	1749—1855. „
des Fingerlingsbrunnen .		1617—1655. „
„	„	1664—1868. „
„	„	1766—1773. Oktav.
der Neustift		1709—1840. Schmalfolio.
„	„	1756—1810. „
„	„	1756—1857. „
„	„	1811—1878. „
„	Salzgasse	1770—1838. Folio.

12. Hermannstädter Zunftbücher.

Dieselben enthalten Rechnungen über Einnahmen und Ausgaben der Zünfte, Aufzeichnungen über das Aufdingen und Freisprechen der Lehrjungen und Gesellen, Beschlüsse der Zünfte, Verzeichnisse der aktiven Meister und des Zunft-Eigenthums. Je ein Band oder Heft ist vorhanden von der Zunft

		mit Aufzeichnungen aus den Jahren
der Csismenmacher		1719—1821. Quart.
„	Goldschmiede	1494—1872. Folio.
„	„	1550 bis etwa 1750. Folio.
„	„	1550—1794. Folio.
„	„	1554—1610. Quart.
„	„	1554—1702. „
„	„	1560—1749. „
„	„	1590—1701. Schmalfolio.
„	„	1614—1702. Folio.
„	„	1700—1787. Quart.
„	„	1700—1799. „
„	„	1700—1851. „

der Goldschmiede mit Kopien von Urkunden und anderen Aufzeichnungen aus den Jahren 1759—1773. 2 Stück. Folio.

	mit Aufzeichnungen aus den Jahren
der Goldschmiede .	1800—1872. Folio
„ Handschuhmacher .	1758. Folio.
„ Hutmacher .	1658—1886. Quart.
„ „	1777—1854. „
„ „	1791—1840. „
„ Kaufleute	1709—1784. Folio.
„ „	1709—1831. „
„ „	1729—1743. „
„ „	1743—1753. „
„ „	1771—1825. „
„ „	1771—1826. „
„ „	1782—1840. „
„ „	1784—1860. „
„ „	1825—1856. „
„ Leinweber	1600 (geschrieben vom Jahr 1700 an) bis 1852. Folio.
„ Sattler	1705—1854. Quart.
„ „	1718—1838. „
„ „	1762. (Artikel für die Gesellen-Bruderschaft.) Quart.
„ „	1828—1838. (Bruderschaftsbuch.) Quart.
„ „	1836—1853. Folio.
„ Schmiede	1765—1778. Quart.
„ sächsischen Schneider	1449—1531. Schmalfolio.
„ „ „	1487—1541. „
„ „ „	1558—1565. Folio.
„ „ „	1631. (Unionsartikel der siebenbürg.-sächs. Schneider.) Folio.
„ „ „	1671—1858. Folio.
„ „ „	1692—1801. Schmalfolio.
„ „ „	1694—1830. Folio.
„ „ „	Muster-Schnittbuch mit Zeichnungen aus dem 18. Jahrhundert. Schmalfolio.

der sächsischen Schneider desgleichen, mit Aufzeichnungen aus den Jahren 1716—1833. Schmalfolio.

der sächsischen Schneider mit Aufzeichnungen aus den Jahren 1734—1830. Quart.

der sächsischen Schuster mit Aufzeichnungen aus den Jahren 1484 bis um 1726. (Register der Johannes-Bruderschaft.) Oktav.

der sächsischen Schuster mit Aufzeichnungen aus den Jahren 1556—1599. (Geschrieben um 1600.) Quart.

der sächsischen Schuster mit Aufzeichnungen aus den Jahren 1556 (geschrieben im 17. Jahrhundert) bis 1807. Quart.

der sächsischen Schuster mit Aufzeichnungen aus den Jahren 1559—1600. Quart.

der sächsischen Schuster mit Aufzeichnungen aus den Jahren 1560 (geschrieben im 17. Jahrhundert) bis 1773. Folio.

der sächsischen Schuster mit Aufzeichnungen aus den Jahren 1562—1585. Quart.

	mit Aufzeichnungen aus den Jahren
der sächsischen Schuster	1585—1629. Quart.
„ „ „	1585—1653. „
„ „ „	1634—1719. „
„ „ „	1654—1690. „
„ „ „	1665—1853. „
„ „ „	1685—1740. „
„ „ „	1690—1755. „
„ „ „	1691. (Lehrknecht-Artikel.) Quart.
„ „ „	1700—1751. Quart.
„ „ „	1711—1843. „
„ „ „	1714—1826. Schmalfolio.
„ „ „	1751—1799. Quart.
„ „ „	1756—1850. „
„ „ „	1800—1851. „
„ Seifensieder .	1682—1760. „
„ „ .	1696—1748. (Bruderschaftsbuch). Schmalfolio.
„ „ .	1701—1751. Folio.
„ „ .	1760—1824. „
„ Strumpfwirker .	1725—1823. „
„ Weissbäcker . .	1831. (Bruderschafts-Artikel.) Quart.

Zunftbuch mit Artikeln und Urkunden über verschiedene Zünfte aus den Jahren 1545—1666. Folio.

Urbarien und Konskriptionen.

Urbarium possessionis Bessumbak[1] (Besenbach) aus dem Jahr 1789. 1 Folioheft.

Copia conscriptionis possessionum Vad[1] (Waadt) et Bucsum[1] von 1765. 1 Folioheft.

Urbarium possessionis Dragus[1] von 1789. 1 Folioheft.

Investigatio seu conscriptio per integrum districtum Fogarasiensem ut et civitatem Fogaras 1721—1722. 1 Folioband.

Conscriptio totalis possessionis Galis 1787. 1 Folioheft.

Urbarium seu conscriptio totalis possessionis Nagy-Ekemező (Grosspropstdorf) 1788. 1 Folioheft.

Conscriptio sedium Siculicalium Haromszek et Tsik (Csik) et oppidorum taxalium Kezdi-Vasarhely, Bereczk. Illyefalva, Szent-György, Csik-Szereda 1722. 1 Folioband.

Conscriptio sedis Saxonicalis Cibiniensis et sedium Talmatsch (Talmesch) et Szelistye (Grossdorf) et bonorum civitatensium et VII iudicum 1721. 1 Folioband.

Urbarium seu conscriptio possessionis Kis-Ekemező (Kleinpropstdorf) 1788. 1 Folioheft.

Urbarium possessionis Kisvajdafalva[1] 1789. 1 Folioheft.

Ratio dominii Kutfalvensis 1732. 1 Folioheft.

Transmission betreffend das Dorf Kutsulata[1] 1809. 1 Folioheft.

Conscriptio totalis possessionis Kis-Disznod (Michelsberg) 1787. 1 Folioheft.

Conscriptio totalis possessionis Felső-Sebes 1788. 1 Folioheft.

Conscriptio portionis possessionariae in possessione Felső-Vist.[1] 1788. 1 Folioheft.

Conscription von Sinna, Orlat und Rakovicza von 1765. 1 Folioheft.

Conscriptio totalis et integrae portionis possessionariae Rakovitza per liberam regiamque civitatem Cibiniensem inclytae militiae limitaneae cessae 1766. 1 Folioheft.

Transmissionales ratione possessionis in Rakovitza, Orlat et Sinna 1772. 1 Folioheft.

Conscriptio possessionis Porcsesd 1787. 1 Folioheft.

---

[1] Im Fogarascher Distrikt.

Inventarium simul et transpositio dominii fisconationalis Porumbakiensis (Bornbach) 1784. 1 Folioheft.

Fassionsbuch (Grundbuch) der Gemeinde Szecsel (Schwarzwasser) aus Kaiser Joseph II. Zeit. 1 Folioband.

Opus conscriptionis sedis Szelistye scilicet pagorum Szelistye, Teliska, Galis, Valye (Grabendorf), Szibiel (Budenbach), Kakova (Kripsseifen) 1753. 1 Folioheft.

Urbarium totius sedis Szelistye 1766. 1 Folioband.

Conscriptio sedis Talmatsch 1748. 1 Folioheft.

Urbarium totius sedis Talmats de anno 1768. 1 Folioband.

Conscriptio possessionis Tohan (bei Kronstadt) 1766. 1 Folioheft.

Conscriptio seu Urbarium dominii Also-Szombathfalvensis 1766. 1 Folioheft.

Urbarium possessionis Also-Vist 1788—1789. 1 Folioheft.

IV. Rechnungsbücher.

Ein Theil der der Zeit vor 1526 angehörigen Rechnungsbücher, Rechnungen und Rechnungsfragmente ist in der Urkundenabtheilung des Archives, während der andere Theil sammt dem ganzen Rechnungsmaterial der Neuzeit eine besondere Abtheilung bildet, innerhalb welcher die einzelnen Kategorien derselben gruppenweise aufgestellt und die einer und derselben Kategorie angehörigen Bände oder Hefte chronologisch geordnet sind. Am wichtigsten, nicht allein von hervorragender lokaler Bedeutung, sondern auch höchst interessante Daten zur Geschichte des sächsischen Volkes überhaupt bietend, sind die Konsularrechnungen[1], welche von dem jeweiligen Hermannstädter Bürgermeister (consul) geführt wurden. Ein Verzeichniss der Bürgermeister aus den Jahren 1500—1884 ist veröffentlicht im Archiv des Vereins für siebenbürgische Landeskunde Neue Folge XIX. 531 ff.

Unter den Konsularrechnungen werden die Rechnungsbücher der Stadt und des Stuhles Hermannstadt, die Rechnungen der VII Richter (oder VII Stühle d. i. der Hermannstädter Provinz) und die Universitätsrechnungen (d. i. der Gesammtheit der Sachsen als eines siebenbürgischen Landstandes) verstanden, welche bald vereinigt in einem Bande bald abgesondert in einzelnen Bänden oder Heften eingetragen sind und, einiger Lücken ungeachtet, die Jahre 1504 bis 1758 umfassen. Im Allgemeinen enthalten die Konsularrechnungen: Steuerleistungen Hermannstadts, der Landgemeinden des Hermannstädter Stuhles, dann der anderen zehn sächsischen Stühle und Distrikte; Einkünfte der Stadt Hermannstadt und der VII Richter aus ihren Besitzungen; Gehalt- und Lohnbezüge der Beamten und Diener der Stadt Hermannstadt, der VII Richter und der sächsischen Nationsuniversität; Entlohnungen für Botengänge behufs Expedition der amtlichen Schriftstücke und für po-

---

[1] Eine Ausgabe derselben wird vom Verein für siebenbürgische Landeskunde besorgt. Siehe oben Seite 14 Anmerkung.

litische Sendungen; Gehaltsbezüge der Hermannstädter Lehrer und Geistlichen; endlich mit dem Ende des 17. Jahrhunderts ausserordentliche Kontributionen an Geld und Naturalien für das kaiserliche Militär. Während des 16. Jahrhunderts, und zwar bis zum Jahre 1592 wurden die Stadt- und Stuhlsrechnungen von Hermannstadt und die VII Richter Rechnung für jedes einzelne Jahr in einem und demselben Band (oder Heft) zusammen, die Universitätsrechnung (älteste von 1553) aber bis 1597 für jedes Jahr besonders geführt. Vom Jahr 1602 an werden die Hermannstädter Stadt- und Stuhlsrechnung, die VII Richter-Rechnung, so wie die Universitätsrechnung in einem Band vereinigt, welcher sich meist als das Koncept dieser Rechnungen erweist. In der ersten Hälfte des 17. Jahrhunderts werden in der Regel ausserdem die Hermannstädter Stadt- und Stuhlsrechnung und die VII Richter-Rechnung, vereinigt mit der Universitätsrechnung, in Reinschriften abgesondert geführt. In der zweiten Hälfte des 17. Jahrhunderts werden gewöhnlich die Rechnungen von Stadt und Stuhl Hermannstadt, den VII Richtern und der Universität als Koncept zusammen in einem Bande und daneben in drei besonderen Reinschriften die „Ratio civitatis ac sedis Cibiniensis", die „Ratio septem iudicum" und die „Ratio almae universitatis" geführt, wozu gegen Ende des 17. Jahrhunderts noch specielle Steuerregister und Kontributionsrechnungen (Rechnungsbücher über die Geld- und Naturalleistungen für das kaiserliche Militär) kommen. Im 18. Jahrhundert werden mehrere Jahrgänge der Universitätsrechnung in einem Heft vereinigt.

Die Konsularrechnungen tragen den Namen: Registrum, Regestum, Rationarium, Ratio consularis, Diarium oeconomiae, Protocollum oeconomiae; das Koncept heisst speziell: Regestum cursivum oder Rabulatura. In dem Titel der Rechnungen ist der Hermannstädter Bürgermeister (magister civium, consul Cibiniensis, consul civitatis Cibiniensis, consul provinciae Cibiniensis) namentlich genannt, wozu im 18. Jahrhundert die Kassabeamten kommen. Den Schluss der meisten Rechnungen bildet die Bilanz und Bemerkung, dass die vorstehende Rechnung geprüft und für richtig befunden worden sei, und die Unterschrift des Notars, welcher zugleich städtischer wie Provinzialbeamter war.

Ueber die Konsularrechnungen aus den Jahren 1494 bis 1497, dann über die unter den „Urkunden" eingelagerten Rechnungen siehe oben Seite 13.

Aus dem Zeitraum 1504—1700 sind folgende Konsularrechnungen und Stadt-Steuer- und Schuldenregister in je einem Folioband erhalten:

1504 H VII R. [1]
1506 „
1507 „
1508 „
1509 „
1510 bis 1515 H Stadtsteuerregister.
1513 bis 1516 H Rechnungsfragmente.
1515 H Stadtsteuerregister.
1521 H VII R.
1524 H Rechnungsfragmente.
1524 H VII R., H. Stadtsteuerregister.
1525 [2], 1526, 1528, 1529 je eine H VII R.
1536, 1537 [3], 1539 [4] je eine H VII R.
1536 bis 1570 H Stadtrechnungsnotizen.
1541 H VII R.
1542 H. Stadtsteuerregister und Bruchstück einer H.
1543, 1544, 1545, 1546, 1547 je eine H VII R.
1549 H VII R. Mit Angaben über Mediasch.
1550, 1551 (diese beiden Jahrgänge mit Angaben über Bistritz und Kronstadt), 1552, 1553 je eine H VII R.
1553 U.
1554, 1555, 1556 je eine H VII R.
1557, 1558, 1559 je eine H VII R. und je eine U.
1560 U.
1561 H VII R. U.
1562 H VII R.
1563, 1564 je eine U.
1565, 1566, 1567 je eine H VII R. und je eine U.

[1] In der nun folgenden Uebersicht der Konsularrechnungen bedeutet H: Hermannstädter Stadt- und Stuhlsrechnung. VII R: VII Richter-Rechnung. U: Universitätsrechnung, H VII R: Hermannstädter Stadt- und Stuhls- und VII Richter-Rechnung in einem Band. H VII R U: Hermannstädter Stadt- und Stuhls-, VII Richter- und Universitätsrechnung in einem Band, VII R U: VII Richter- und Universitätsrechnung in einem Band.
[2] Enthält auch Angaben über Bistritz und Mediasch (2 Stühle).
[3] Mit Angaben über Mediasch und Kronstadt.
[4] Mit Angaben über Mediasch.

1568, 1569 je eine H VII R.
1570 H VII R.
1571 U.
1572, 1573 je eine H VII R. und je eine U.
1574 U.
1581 H VII R. U.
1582 H VII R.
1582 U. Enthält mehrere Aufzeichnungen aus den Jahren 1628 bis 1634 über Tuchhandel von Heltau und Hermannstadt.
1583 H VII R.
1585 VII R. Ist unvollständig.
1587 H VII R. Enthält Angaben aus der Hermannstädter Stadtrechnung der Jahre 1617 bis 1618.
1592 H VII R. Enthält Angaben aus der VII R. und aus der U. von 1617 bis 1618.
1592 [1] U.
1596 VII R. Enthält die Kirchenrechnung aus dem Jahr 1619.
1596 U. Enthält auch Rechnungsposten aus den Jahren 1517 bis 1618.
1597 H. Mit Angaben aus der H. der Jahre 1617 bis 1618.
1597 VII R. Mit Angaben aus der VII R. der Jahre 1617 bis 1618.
1597 U.
1598, 1602 je eine VII R.
1602 bis 1604 H VII R U.
1604 H. Mit einer Abschrift der Urkunde Königs Sigmund Zapolya vom 10. December 1570 „super capitalibus".
1605 H Stadtsteuerregister (Bruchstück).
1606 H VII R U.
1609 Verzeichniss der Schulden der Stadt Hermannstadt.
1615 bis 1616 VII R U.
1616 H. VII R.
1617 H (2 Stücke). VII R U.
1618 H. VII R U.
1619, 1620, 1623 je eine H.
1624 H (2 Stücke).
1625 bis 1627, 1630 bis 1632, 1632 je eine H VII R U.
1633 H (2 Stücke). VII R U. U.

[1] Die von dem Bürgermeister Waida 1593 geführte Konsularrechnung befindet sich in der Battyán'schen Bibliothek zu Karlsburg. Vgl. Kurz Magazin I. 285 und II. 474.

1634 bis 1636 H.
1634 H. H VII R U. VII R U.
1635 H (2 Stücke). VII R U.
1636 H. H VII R U. VII R U.
1637 H.
1638 H. H VII R U. VII R U.
1639 H. VII R U.
1642, 1643 je eine H VII R U.
1643 H.
1644 U.
1645, 1646 je eine H. und je eine VII R.
1647 H.
1649 H (2 Stücke). VII R. VII R U. U.
1650 H (2 Stücke). VII R (2 Stücke). U (2 Stücke).
1651 H VII R U.
1652 H.
1653 H. VII R.
1655 H. H VII R U. U.
1656 H. H VII R U. VII R. U.
1657 H. H VII R U. U. H Stadtsteuerregister.
1658, 1659, 1660, 1661, 1662, 1663, 1664 je eine H. H VII R U. VII R. und U.
1659 H Stadtsteuerregister.
1665 H. U.
1666 bis 1675: aus jedem dieser Jahre je eine H. H VII R U. VII R. und U.
1676 H VII R U. VII R. U.
1677 bis 1687: aus jedem dieser Jahre je eine H. H VII R U. VII R. und U.
1688 bis 1689 H. H VII R U. Militär-Kontributionsrechnung.
1689 H. H VII R U. VII R. U.
1690 bis 1691 H. H VII R U. VII R. U.
1690 Militär-Kontributionsrechnung von Stadt und Stuhl Hermannstadt.
1691 H. Militär-Kontributionsrechnung des Hermannstädter Stuhles (2 Stücke). Speculum onerum civitati ac sedi Cibiniensi in diaeta Fogarasiensi impositarum (2 Stücke).
1691 bis 1692 H.
1692 Militär-Kontributionsrechnung von Stadt und Stuhl Hermannstadt und den anderen sächsischen Stühlen und Distrikten.

1692 H VII R U. VII R. U.
1692 bis 1693 H. Militär-Kontributions-Rechnung (2 Stücke). II Stadt- und Stuhlssteuerregister.
1693 H VII R U. VII R. U. Militär-Kontributions-Rechnung.
1693 bis 1694 Militär-Kontributions-Rechnungen von Stadt und Stuhl Hermannstadt und den andern sächsischen Stühlen und Distrikten.
1693 bis 1695 H VII R U.
1694, 1695 je eine H. II VII R U. VII R. und U.
1694 Verzeichniss verschiedener Leistungen, meist für das Militär.
1694 bis 1695 Militär-Kontributions-Rechnung von Stadt und Stuhl Hermannstadt, von den städtischen und Siebenrichter-Besitzungen.
1696 H. VII R.
1696 Militär-Kontributions-Rechnungen des Hermannstädter Stuhles und der anderen sächsischen Stühle und Distrikte.
1696 bis 1697 „Diarium". Konzept über allerlei Ausgaben.
1696 bis 1699 Verzeichniss verschiedener Leistungen für das Militär.
1697 H. VII R.
1698 H. U.
1699 H. VII R. U.
1699 „Diarium". Konzept über allerlei Ausgaben (vom Bürgermeister eigenhändig geschrieben).
1700 H. VII R. U.
1700 Militär-Kontributions-Rechnungen der sächsischen Stühle und Distrikte.

Im 18. Jahrhundert wächst das Material bedeutend in Folge der vielen Leistungen für das Militär, die eine besondere Verrechnung erforderten. Aus den Jahren 1700—1758 sind 208 Foliobände und -Hefte vorhanden. Während die Reihe der VII Richter-Rechnungen mit dem Jahre 1711 abbricht, ist im Uebrigen die Serie der Konsularrechnungen vom Jahre 1701 weiter erhalten, und zwar die Hermannstädter Stadt- und Stuhlsrechnungen, die Steuerregister und Militär-Kontributionsrechnungen bis zum Jahr 1758, die Universitätsrechnungen bis 1757.

Das Archiv enthält ferner noch folgende Rechnungsbücher:
Liber rationum civitatis Cibiniensis (alte Signatur: Protokoll 3), ein kurz gehaltenes Register der Einnahmen und Ausgaben der Stadt Hermannstadt aus den Jahren 1536—1656.

Mediascher Konsularrechnungen aus den Jahren 1661—1664 und 1667 bis 1672, zwei Foliobände, von 1680 1 Folioband.

Mühlbacher Villikatsrechnung aus dem Jahr 1695, 1 Folioheft.

Ratio tempore contagionis (Pestepidemie) exhibita 1719—1720. 1 Folioband.

Rechnungen über die städtischen Besitzungen Orlath und Schwarzwasser (Szecsel) aus den Jahren 1747 und 1748, geführt von Michael Hartmann. 2 Foliohefte.

Kontributions-Rechnung 1749—1751 (ferner: Bruchstück über Ereignisse des Jahres 1745; Schematismus der Hermannstädter Beamten von 1746—1750, Hermannstädter Kommunität 1746—1754, Auszüge aus Universitäts-Protokollen 1694—1705) 1 Folioband.

Consignatio debitorum passivorum bonorum septem iudicum, 1750. 1 Grossfolioheft.

Rechnungen über die städtischen Besitzungen Orlath und Schwarzwasser (Szecsel) aus den Jahren 1751, 1752 und 1753, geführt von Adam Kissling. 3 Foliohefte.

Militär-Kontributions-Rechnung 1760—1761. 2 Foliohefte.

Specificatio praestationum naturalium praeiuncturarum inclitae militiae sub hibernia et aestate anni militaris 1762—1763 praestitorum. J. G. de Reissenfels. 1 Folioheft.

Häuser- und Steuerverzeichniss von Hermannstadt 1763. Enthält auch einige Angaben aus späteren Jahren bis 1784. Ein Folioheft.

Ratio naturalium desuper perceptis ac erogatis ex bonis civitatis Cibiniensis pro anno 1764 exhibita per Johannem Engesser et Math. Seiverdt. 1 Folioheft.

Rechnungen über den Fiskal-Zehnten aus den Jahren 1765 bis 1766 geführt von Johann Engesser und Mathias Seivert, und 1766—1767, geführt von Johann Engesser. 2 Foliohefte.

Rechnungen über die Stadtbesitzung Kerz aus den Jahren 1767 und 1767—1769, geführt von Andreas Wohlmann. 2 Foliohefte.

Rechnung über die Stadtbesitzung Schwarzwasser (Szecsel) von 1770, geführt von Michael Plantz. 1 Folioheft.

Protokoll über die Feilbietung von Häusern und Grundstücken 1770—1771. 1 Folioheft.

Rechnung über die Stadtbesitzung in Freck 1771—1777. Ein Folioheft.

Porta civium. Salgamal-Bonifikationsextrakt (über Vergütung für Militär-Einquartierung im Burgerthor-Stadtviertel). 1772—1773. 1 Folioheft.

Protocollum cassae civitatis allodiac. 1773—1774. 1 Folioheft.

Rechnungen über die Stadt- beziehentlich Siebenrichterbesitzungen Kerz (1777—1780), Kolun, Rukkur und Marienburg (Földvar, 1777—1784). 1 Folioheft.

Protokoll über Thor- Sperr- und Accise-Einnahmen und Ausgaben aus den Jahren 1791—1794. 1 Folioheft.

Hermannstädter Stadtkassa-Rechnungen aus den Jahren 1787 bis 1849. 119 Foliohefte.

Summarische Ausweise oder Hauptrechnung der Fogarascher Kasse, Universitätskasse und Siebenrichterkasse aus den Jahren 1790—1801. 30 Foliohefte.

Konto- oder Rechenbuch der Fogarascher Distriktskasse, Universitätskasse und Siebenrichterkasse von 1793—1795. 1 Folioband.

dasselbe „ 1795—1798. 1 „
dasselbe „ 1798—1801. 1 „

Einreichungsprotokoll der Nationalkassaverwaltung vom 12. December 1792 bis Ende November 1815.

Von mehr lokaler Bedeutung sind die **Wirthschaftsrechnungen der Stadt Hermannstadt**, welche als reiche Quellen zur Stadtgeschichte helle Streiflichter werfen auf das gesammte Inner- und Kulturleben. Die in solchen Rechnungen „zur Rechenschaft über den Stadthaushalt niedergeschriebenen Notizen sind frei von aller Absichtlichkeit, und da die Rechnungen der Aufsicht und Durchsicht des Magistrates, des Rathes und der Bürgerschaft unterlagen, konnten sie nicht leicht weder durch Fälschung noch durch Auslassung gegen die Wirklichkeit sich verstossen; daher ihr Schweigen nicht weniger bedeutsam als ihre Angaben; diese aber tragen das Gepräge der unmittelbarsten Wahrheit und Treue, und sind mehr als andere Geschichtsquellen geeignet, uns sowohl in die innere Verfassung und Verwaltung, die Preisverhältnisse, das volkswirthschaftliche Leben, das Finanzwesen, als auch auf die äusseren politischen Beziehungen einer Stadtgemeinde einen klaren Blick thun zu lassen".[1]

---

[1] Diese vom Archivar J. Laurent seiner Ausgabe der „Aachener Stadtrechnungen aus dem XIV. Jahrhundert" (Aachen 1866) vorgesetzten Worte (Seite 1) passen nicht minder auf die Wirthschafts-Rechnungen der Stadt Hermannstadt.

Unter die Hermannstädter Wirthschaftsrechnungen sind zu zählen die Stadthannen- (Villikats-), Alaun-, Almosen-, Arbeits- und Vorspannsrechnungen, Bau-Rechnungen, Bilanz-Ausweise, Brauhaus-, Holz-, Kalk-, Kirchen-, Kupferhammer-, Licht-, Magazin-, Mühlstein-, Quartier-, Salpeter-, Spital- (Bürger- und Militärspital-), Straf-, Waag-, Zuchthaus-, Zwanzigst- und Dreissigstrechnungen.

Diese Specialrechnungen über einzelne städtische Wirthschafts- und Verwaltungszweige wurden von dem engeren Rath (Magistrat), vielfach unter Mitwirkung des äusseren Rathes (Kommunität = Stadtvertretung) geprüft, das Prüfungsergebniss sammt der Bilanz in das geprüfte Rechnungsbuch und in das gleichzeitige Raths-(Magistrats-)Protokoll eingetragen. Manches, was in den Stadthannenrechnungen nur im Allgemeinen ausgewiesen erscheint, wird noch überdies durch Specialrechnungen, geführt von besonderen Beamten, Senatoren (Magistratsräthen) oder Mitgliedern der Kommunität, belegt. Die Wirthschaftsrechnungen sind, ausgenommen die, wo etwas Anderes bemerkt wird, in deutscher Sprache, theils in der städtischen Kanzlei theils von den rechnungführenden Beamten selbst geschrieben. Die Gebahrung während e i n e s Jahres ist in e i n em Folioband (oder Heft) ausgewiesen, jedoch fällt das Amtsjahr meist nicht zusammen mit dem Kalenderjahr, sondern dauert oft von März bis März, April bis April oder als sogenanntes Militärjahr, vom 1. November bis nächsten 31. Oktober. Innerhalb der Jahre 1719—1775 erscheinen die Bilanzen sämmtlicher Wirthschafts- und auch der Konsular-Rechnungen in besondere Bücher, B i l a n z-A u s - w e i s e, eingetragen.

In dem hier folgenden Verzeichniss der Hermannstädter Wirthschaftsrechnungen werden die einzelnen vorhandenen Rechnungsb ä n d e (oder H e f t e) aufgeführt; auf die Angabe der Zeit, über welche sich die betreffende Rechnung erstreckt, folgt der Name der rechnungführenden Person. Das Format ist als Folio anzunehmen, wenn nichts Anderes ausdrücklich bemerkt wird.

1. Stadthannenrechnungen[1] um 1350—1766.[2]

Unter den Wirthschaftsrechnungen der Stadt Hermannstadt nehmen den ersten Platz ein die vom obersten städtischen Wirth-

---
[1] Bis in das 16. Jahrhundert meist in lateinischer Sprache geführt.
[2] Die dem Namen der Rechnung nachgesetzten Jahreszahlen geben das älteste und jüngste Jahr an, aus welchen solche Rechnungen erhalten sind.

schaftsbeamten (villicus, Stadthann) geführten Villikats- oder **Stadthannenrechnungen**. Der Stadthann, der selbst Mitglied des engeren Rathes (Magistrates) war, verrechnete jährlich darin seine Einnahmen, zunächst einen Baarbetrag aus der Stadtkassa, dann **Einkünfte** von Mühlen, Weinaccise, Fischkammern, Waaggefälle, Miethzins von Verkaufshallen, Erlös für verschiedene Materialien, als Brenn- und Bauholz, Kupfer, Salpeter, Pulver, Büchsen, Mühlsteine, Frucht, und die **Ausgaben** für Verwaltung und Erhaltung der städtischen Besitzungen, Brücken, Strassen, Stadtbefestigung. Anschaffung von Pulver und Blei, für Thorschreiber und Thorwache, Entlohnung der Sendboten, welche den Postdienst versahen, für landesfürstliche Besuche in Hermannstadt und Bewirthung andrer officieller Persönlichkeiten, welche sich besonders unter der Regierung der selbstständigen siebenbürgischen Fürsten recht zahlreich im gastfreien Hermannstadt einstellten.

Um 1350—1400. (Urkundenabtheilung I. 79. Gedruckt: Archiv N. F. XI. 415 ff. Quellen zur Geschichte Siebenbürgens I. 1 f.)

Um 1400 (U. III. 167. Gedruckt: Archiv N. F. XI. 426 ff. — Quellen I. 2 ff.)

1494. Bruchstück. (U. III. 217. Gedruckt: Quellen I. 137 ff.)

1494. Peter Rotgen. (U. III. 108. Gedruckt: Quellen I. 140 ff.)

1501. Caspar Wayss villicus. (Gedruckt: Quellen I. 338 ff.)

1528. Anthonius.

1530 und 1531.[1] Baltasar Aurifaber.

1534. (Bruchstück.)

1543, 1544 und 1545.[1] Joannes Frank.

1547. Peter Norimberger.

1548. Matthias Ponczler.

1549. Matthias Ponczler.

1571.[2] Seruatius Weidtner.

1578[3] Hans Wayda.

1601 und 1602.[4]

1607.[5] Gregorius Emericus.

1610.[6]

1614 April bis 1615 Febr.

1616.[7] Johannes Waida.

1626 März bis 1627 März. Johannes Reisner.

[1] In einem Band.
[2] Enthält auch das „Hannen Register" des Johannes Wayda vom Jahre 1615.
[3] 1 Heft Reinschrift, 1 Heft Koncept. Enthält auch das „Hannen Register des Hans Vayda vom Jahre 1615.
[4] Ein Heft unvollständiges Koncept. Mit einer Notiz zum Jahr 1604.
[5] Mit Notizen zum Jahr 1608.
[6] Enthält auch das „Kirchenregister" des aedituus Petrus Kammer" von 1618.
[7] Ein Heft Reinschrift, 1 Heft Koncept.

1630—1631. Michael Angnöttler.
1631—1632. Michael Angnettler.
1635—1636. Georg MeltczerWerder.[1]
1640—1641. Tobias Sifftt.
1641—1642. Daniel Vhr.[2]
1647—1648. Laurentius Rosenauer.
1653—1654. Michael Schwartz.
1658—1659. Thomas Haasz.[3]
1659—1660. Thomas Haasz.
1660—1661. Georgius Schelker.
1666—1667. Valentinus Röhrich.[3]
1667—1668. Valentinus Röhrich.
1670—1671. Andreas Valdheidner.
1672—1673. Georg. Armbruster.
1674—1675. Christian Reichert.
1675—1676. Christian Reichart.
1679—1680. Johannes Binder.
1680—1681. Johann Herbert.
1681—1682. Johann Herbert.
1682—1683. Michael Haasz.
1683—1684. Michael Haasz.
1684—1685. Matthias Henning.
1685—1686. Matthias Henning (Hennink).
1686—1687. Gabriel Hendler.[3]
1687—1688. Gabriel Händler.
1688—1689. Franciscus Bischoff.
1689—1690. Franciscus Bischoff.
1690—1691. Thobias Fleischer.
1691—1692. Johannes Lutsch.
1693.[4] Johannes Lutsch.
1694—1695. Georgius Meltzer.
1695—1696. Georgius Weiss.
1696—1699. Johannes Stenczel.
1699—1701. Christianus Haasz.
1703—1704. Georgius Frank de Franckenstein.
1704 1705. Johannes Graffius.
1705 bis Dec. 1. Johannes Graffius.
1705 Dec. 8. — 1707 Mai 29. Michael Kessler.
1707 Mai 29 — Nov. 30. Petrus Binder.
1707 Dec. 1 — 1708 April 12. Petrus Binder.
1708 Apr. 11 — Dec. 31. Thomas Conrad.
1710—1711. Thomas Conrad.
1711—1713.[3] Michael Fabritius.
1714—1715.[3] Andreas Gekelins.
1716—1717. Johannes Abraham.
1718—1719. Johannes Abraham.
1719—1720. Johannes Zeiverth.
1722. Jacobus Sachs de Harteneck.
1725—1726.[3] Johannes Kinder de Friedenberg.
1726.
1727—1728. Stephanus Waldhütter von Adlershausen.
1730—1733. Andreas Kissling.
1734—1735. Andreas Herrmann.
1736. Andreas Herrmann.
1737. Andreas Herrmann.
1738—1739.[3] Daniel Klockner.
1739—1740. Johannes Georgius Vette.

[1] In den gleichzeitigen Rathsprotokollen meist als Georgius Verder einmal als Georgius Melczer alias Verder.
[2] Erscheint in den gleichzeitigen Hermannstädter Rathsprotokollen als Ver, Vhr, Vher.
[3] Ein Heft Reinschrift, 1 Heft Koncept.
[4] Zwei Hefte.

1741. Joh. Georgius Vette.
1742—1744. Jacobus Abraham de Ehrenburg.
1745.[1] Daniel de Rittern.
1746.[1] Daniel de Rittern.
1747 Jan. 14 — Oktober 31. Johannes Georgius de Schulenberg.
1747 Nov. 1 — 1748 Okt. 31. Johannes Georgius de Schulenberg.
1748—1749.[2] Andreas Czekelius de Rosenfeld.
1749—1750.[1] Andr. Czekelius de Rosenfeld.
1750—1751.[2] Bartholomeus de Baussnern.
1751—1752.[2] Bartholomeus de Baussnern.
1752—1753.[2] Bartholomeus de Baussnern.

1754 Juni 6 — Okt. 31. Michael Wagner.
1754—1755.[2] Michael Wagner.
1755—1756.[2] „ „
1757—1758.[2] [3] „ „
1758 Nov. 1 — 1759 April 30. Michael Wagner.
1759 Mai 14 — Okt. 31. Andreas Waldhütter de Adlershausen.
1759—1760.[2] Andreas Waldhütter de Adlershausen.
1761—1762.[2] [4] Andreas Waldhütter de Adlershausen.
1762—1763.[2] Andreas Waldhütter de Adlershausen.
1763—1764.[2] Andreas Waldhütter de Adlershausen.
1764 Nov. 1 — 1766 Jan. 31. Andreas Waldhütter de Adlershausen.
1765 Nov. 1 — 1766 Apr. (Unvollständig.)

2. Alaun-Rechnungen 1773—1776.

Die Alaun-Rechnungen geben Aufschluss über Erhaltungs- und Betriebskosten der städtischen Alaunsiederei in Unter-Sebes und über die Einnahmen aus verkauftem Alaun.

1773—1774.[5] Joannes Fridericus Artzt.
1774—1775.[5] „ „ „
1775—1776.[5] „ „ „

3. Almosen-Rechnungen 1548—1800.

In den Almosen-Rechnungen werden als Einkünfte verrechnet der „Gunssendorffer czynk" (Poplaker Zins), Ertragniss einiger Wiesen, der „Haydenmühl", später auch zweier Mühlen in

[1] Zwei Hefte.
[2] Vom 1. November bis 31. Oktober des folgenden Jahres.
[3] 1 Heft Original und 1 Heft Kopie desselben.
[4] Ein Heft Reinschrift, 1 Heft Konzept.
[5] 3 Hefte.

Freck, der Ertrag einer grossen Sammelbüchse in der Kirche an bestimmten Feiertagen, Geschenke, Zahlungen von „armen Frauen im sellhauß", als Ausgaben wurden verzeichnet regelmässige wöchentliche Unterstützungen von Armen, einmalige Almosen an Arme und Kranke, Begräbnisskosten für arme Leute, Erhaltungskosten der Mühlen des Almosenfonds, Remunerationen für einen evangelischen Prediger, den Chorführer der (evangelischen) Laubenkirche, den Almosen-Inspektor und -Adjunkt und die Almosendiener.

1548 Caspar Sarctor, Georgius Knoll, Franciscus Bayer, Petrus Wall.
1549. Jorg Knoll, Francz Paer, Petter Kerßicher, Petter Wall „almuß herren."
1552—1617. Auszüge [1] (meist Bilanzen) der Almosen-, Spitals- und Kirchen-Rechnungen, geschrieben von den städtischen Notaren.
1599. Daniell Weiss, Fabiann Almer, Joannes Lutsch.
1603—1604.
1604. Cristannus Ollehrtt, Mathias Veis Midwescher, Michael Midwescher, Andreas Jüngling.
1607.
1609. Gregorius Emericus und Paulus Ludouicus, Senatoren: Andreas Jüngling und Thomas Weyß, Hundertmänner.
1616. Joannes Vayda „Radtgeschworner," Anthonius Schirmer „aus der ehrliger gemein."
1651. Valentinus Stamp.
1652. „ „
1653. Valentinus Stamp, Thomas Haß.

1654. Valentinus Stamp, Thomas Haß.
1661. Valentinus Röhrich.
1663. Michael Schmidt, Georg Armbruster.
1667. Christiannus Reichart, Stephanus Wölff.
1679. Johannes Herbert, Petrus Geckelius.
1680. Petrus Gekklius, Matthias Henning.
1684. Franciscus Bischoff, Matthias Milles.
1686 Franciscus Bischoff.
1688—1689. Georg Weiss, Marcus Draud.
1689 Okt. 17 — 1690 März. Georg Weiss.
1690—1691. Marcus Draudt, Johannes Wegmeht „Rathsgeschworene."
1691—1692. Johannes Wegmeth, Georgius Klockner „Rathsgeschworene."
1693. Johannes Wegmeth, Georgius Klockner „Rathsgeschworene."
1693 März 23 weiter, Johann Herberth, Johann Stenczel.

[1] Lateinisch und deutsch.

1694. Johann Herberth.
1695—1696. Johannes Herbert, Georgius Simonius.
1696—1699. Georgius Simonius, Petrus Lutsch.
1699 April 25 — 1701. Petrus Lutsch, Thomas Conrad.
1703. Thomas Conrad, Samuel Christoph.
1704—1705. Martinus Schiller, Georgius Verder (Werder).
1705 April 17 — Nov. 30. Martinus Schiller, Georgius Verder (Werder).
1705 Dec. 2 — 1707 März 21. Martinus Schiller, Georgius Verder (Werder).
1707 März 21 — 1708 März 27.[1] Paulus Brelfft, Andreas Göckel.
1708. März 28 — 1710.[1] Paulus Brölfft, Johannes Abraham.
1713—1714. Jan. 1.[1] Andreas Göckel, Matthias Eifenberger.
1716—1718.[1] Johannes Zeywertt. Michael Kessler.
1719—1720.[1] Johannes Berger, Michael Kessler „Senatores".
1720 Juli 3 — Dec. 14.[1][2] Johannes Abraham „inspector elemosinarum".
1720 Dec. 6 — 1722. Michael Kessler.
1723.[1] Andreas Krausz.

1724.[1] Andreas Krausz.
1725[1] „   „
1726.[1] „   „
1727—1729.[1] Andreas Krausz.
1730—1733.[1] „   „
1734—1735. A. Herrmann.
1735. Stephanus Waldhütter ab Adlershausen „senator et protunc elemosinarius primarius".
1736.[1] Andreas Kissling.[3]
1737.[1] „   „
1738—1739.[1] Andreas Kissling.[3]
1739—1740.[1] „   „
1740—1741.[1] „   „
1742—1743. Daniel de Rittern, Senator.
1745.[1] Jacobus Sachs ab Harteneck.[3]
1746. Johannes Georgius de Reissenfels.[3]
1747. Johannes Kissling.[3]
1748 Jan. 1 — Okt. 31. Bartholomeus de Baussnern, Senator.
1748. Jan. 1 — Dec. 31. Johannes Kissling.[3]
1748. Nov. 1 — 1749 Okt. 31.[4] Michael Wagner.[5]
1749—1750. Michael Wagner.[5]
1750—1751. „   „
1751—1752. Jacobus Hutter.[5]
1752—1753. „   „
1753—1754. „   „
1754—1755. „   „

[1] In Quart-Format.
[2] In 2 Exemplaren vorhanden.
[3] Senator et elemosinarius primarius (primus).
[4] Von hier an wird das sogenannte Militärjahr, beginnend am 1. November, dauernd bis nächsten 31. Oktober, eingehalten.
[5] Senator et inspector elemosinarum.

1755—1756. Jacobus Hutter.[1]
1756—1757.   „   „
1763—1764.   „   „
1764—1765. Jacobus Hutter.[1]
1790 Mai 1 — Dec. 31.
1800.

4. Arbeits- und Vorspannsrechnungen 1656—1785.

Dieselben enthalten Angaben über Auslagen für Vorspann, für Handlangerarbeit im Heu- und Militärverpflegsmagazin und verschiedene öffentliche Arbeiten.[2] Diese Rechnungen wurden von dem Hopner (ein städtischer Beamter, dessen Wirkungskreis heute, so auch im vorigen Jahrhundert theils wirthschaftlicher, theils polizeilicher Natur war) geführt, welcher auch über städtisches Holz Buch zu führen hatte, und betreffen auch den Stuhl Hermannstadt.

1656. Register über die von den Hermannstädter Bürgern geleistete öffentliche Arbeit. Schmalfolio.

1756. Protokoll über die von der Bevölkerung des Hermannstädter Stuhles geleistete öffentliche Arbeit. Michael Enyeter. Hopner.

1756. Vorspannsprotokoll des Hermannstädter Stuhles. Michael Enyeter. Hopner.

1770. Vorspannsprotokoll des Hermannstädter Stuhles. Andreas Wohlmann. Hopner.

1772. Vorspannsprotokoll des Hermannstädter Stuhles. Andreas Wohlmann, Hopner.

1772—1773. Protokoll über Stadt- und Stuhls-Vorspann und Handlangerarbeit zu öffentlichen Zwecken.

1773. Vorspannsprotokoll des Hermannstädter Stuhles. Andreas Wohlmann. Hopner.

1774. Vorspannsprotokoll des Hermannstädter Stuhles. Andreas Wohlmann. Hopner.

1775. Vorspannsprotokoll des Hermannstädter Stuhles. Andreas Wohlmann, Hopner. 2 Stück.

1775—1777. Protokoll über Vorspann und Handlangerarbeit zu öffentlichen Zwecken. Andreas Wohlmann. Hopner.

1776—1777. Vorspannsprotokoll des Hermannstädter Stuhles. Andreas Wohlmann, Hopner.

1782. Tabelle über die Entlohnungen von „Arrestanten, Huren und Cigainer", welche zu öffentlichen Arbeiten verwendet wurden.

1785. Vorspannsprotokoll des Hermannstädter Stuhles. Andreas Wohlmann. Hopner.

[1] Senator et inspector eleemosinarum.
[2] Ueber öffentliche Arbeiten sind besonders für das 16. und 17. Jahrhundert die Stadthannen- (Villikats-) und Bau-Rechnungen zu vergleichen.

5. Bau-Rechnungen 1547—1767.

Die Bau-Rechnungen geben Auskunft über die Kosten der Stadtbefestigung, Neubauten und Ausbesserungen an Brunnen, Strassen, an dem Rathhaus und anderen öffentlichen Gebäuden; über einzelne grössere Bauherstellungen wurden besondere Rechnungen geführt, so z. B. über den Basteibau im Jahr 1551, die Friedhof-Anlage im Jahr 1554, Hausbau in Weissenburg (Karlsburg) 1700, Lazarethbau 1717, Zibinsbrücke 1752. In den Jahren 1765 bis 1767 erscheint eine „Bauhilfs-Cassa", deren Einnahmen resultiren aus Vergütungen für Quartier und Interessen von angelegten Kapitalien.

1547. Augustin Kirsner.
1551. Paulus Tuchscherer.
1551. Peter Haller, Bürgermeister.
1551. Petter Norimberger's Special-Rechnung „vom Baw der bey Heltner Thore ist angefangen".
1552. Nikles Kertzer.[1]
1552. Pitter Teutsch.
1552. Gregor Waal.
1552—1553. Paulus Tuchscherer.
1553. Paulus Tuchscherer.
1554. Franz Baier.
1554. Kirchhof (Friedhof)-Rechnung des Ffelten Reheer (Wallentinus Recher, Velten Reger).
1554—1555. Paulus Tuchscherer's Rechnung über fl. 31., womit er „wmb dy stat herumb an allen postayen flicken loosen" soll, „wo es dy not erfordertt".
1560. Lucas Klein's Rechnung über den Bau bei dem „Helttner Tor".
1578. Emericus Kadar (Budner).
1608. Specialrechnung über Kirchenbau Petrus Schelker.
Um 1608.
1657. Johannes Föltschius.
1665.[1]
1679.
1683 Franciscus Bischoff.
1686—1687. Michael Speckelius.
1687—1688.
1689 Georgius Weiss.
1693. Christianus Haass.
1694. Andreas Gündisch.
1695. Christianus Haasz.
1696—1699.[2] Martinus Tutius.
1699 Mai 15 — 1701. Martinus Schüllern, Raths-Verwandter und Baumeister.
1700 Specialrechnung über den Bau eines Hauses in Weissenburg (Karlsburg).
1702. Samuel Christoph ab Ehrenburg.
1702 Dec. 13 — 1704 Apr. 17. Georgius Verder.
1704 Apr. 27 — 1705. Johann Dietrich.

---

[1] In Quart-Format.
[2] Ueber „Stadtbau und den im Jungen Walde liegenden Kupferhammer."

1705—1707 Mai 17. Johann Diedrich.
1707 Mai 18 — 1708 März 27. Johannes Abraham.
1708 Jun. 1 — 1709 Mai 13. Mathias Eissenberger, Architekt.
1708 Juli 7 — 1709 Okt. 12. Mathias Eissenberger, Architekt.
1709 — 1712. Mathias Eissenberger, Architekt.
1710 — 1712. Mathias Eissenberger, Architekt.
1713. Jacobus Sachs ab Harteneck Senator et architectus.
1714. Jacobus Sachs ab Harteneck Senator et architectus.
1715. Hilarius Ernestus Biener Senator et architectus.
1717. Specialbaurechnung über das Lazareth.
1718. Georgius Schemelius.
1719 — 1720 Nov. 30. Georgii Schemelii hinterlassene Erben.
1720. Dec. 1 — 1721. Andreas Kissling, Senator.
1722.[1] Andreas Herrmann Senator.
1723—1724. Andreas Herrmann Senator.
1725—1726. Andreas Herrmann Senator.
1727—1730 Jan. 10.[2] Andreas Herrmann.
1730 Febr. — 1734 März 31. J. G. Vette.
1734 Juli — Dec. 31. Andreas Dörner, Bauadjunkt.
1735. Specialrechnung über das „1735, im grossen Tranchement erbaute Stadtwirtshaus". Daniel Ritter, Senator.
1735. Specialrechnung über den Bau des Magazins, Gubernator-Quartiers und über die Kalkbrennerei. Stephanus Riemer.
1736. Daniel Ritter, Senator.
1736. Specialrechnung über das neuerbaute Stadtmagazin. Stephanus Riemer.
1737. Daniel Ritter, Senator.
1738 Jan. 1 — 1739 Okt. 31. Daniel Ritter, Senator.
1739 Nov. 1 — 1740 Okt. 31. Daniel Ritter, Senator.
1740 Nov. 1 — 1741 Okt. 31. Daniel Ritter, Senator.
1741 Nov. 1—1742 Febr. 29. Specialrechnung über Bauten im Conrad'schen Haus in der Fleischergasse. Daniel de Rittern, Senator.
1742 Apr. 1—1744. Andreas Czekelius de Rosenfeld, Senator.
1745 Jan. 1— Sept. 30.[3][4] Andreas Czekelius de Rosenfeld, Senator.
1745 Juli 13 — 1746 Okt. 31.[3] Bartholomeus de Baussnern, Senator.

[1] Enthält auch die Mühlsteinrechnung desselben Jahres.
[2] Enthält auch die Mühlstein- und Kalkrechnung aus den Jahren 1727 bis 1730.
[3] Zwei Exemplare.
[4] Enthält auch die Militärspitalsrechnung (Ratio nosocomii militaris).

1746 Nov. 1 — 1747 Okt. 31.[1] Bartholomeus de Baussnern. Senator.
1747 Nov. 1 - 1748 Apr. 30.[1] Bartholomeus de Baussnern. Senator.
1748 Mai 1 — 1749 Jan.[2] Andreas Waldhütter de Adlershausen. Senator.
1749 Jan. 6 — Okt. 31.[1] Jacob Hutter, Senator.
1749 Nov.1 — 1750 Febr. 28. Jacob Hutter, Senator.
1750 Jan. 1—Okt. 31 Christianus Filtsch, Senator.
1750 Nov. 1--1751 Okt. 31. Christianus Filtsch. Senator.
1751— 1752. Christianus Filtsch, Senator.
1752—1753. Christianus Filtsch. Senator.
1752.[3] Specialrechnung „dreyer neu erbauten Brücken als die grosse neue Brücken über den Zibin und einer gemauerten über den Marast wie auch einer kleinen in eben dieser Strasse anno 1752 unter Besorgung Johann Hamlescher".
1753 Nov.1 — 1754 Aug. 31. Christianus Filtsch. Senator.
1764 Nov. 1 — 1766 Jan. 31. Andreas de Adlershausen, Villicus.
1765—1766.[4] Bauhilfscassa-Rechnung.
1766—1767.[4] Bauhilfscassa-Rechnung.

6. Bilanz-Ausweise 1719—1775.

Je ein Folioheft aus den Jahren 1719—1720. 1725—1726. 1729. 1738—1739. 1740. 1741.[1] 1741—1742. 1742—1744.[1] 1745,[1] 1746,[1] 1747.[1] 1748.[1] 1749,[1] 1750.[1] 1751.[1] 1752. 1753, 1754. 1755.[1] 1756.[1] 1757,[1] 1758. 1759.[1] 1762. 1763, 1765. 1766[1] (aus dem Jahre 1766 auch ein unvollständiges Exemplar), 1767. 1768. 1769. 1771. 1772, 1774,[1] 1775.

7. Brauhaus-Rechnungen 1717—1774.

In denselben wird die Gebahrung über einen im 18. Jahrhundert sehr einträglichen Zweig der städtischen Wirthschaft ausgewiesen. Es wird der Verbrauch an Malz. Hopfen. Holz. Harz. Pech. „Calefoni", Kosten der Fassbinderarbeit, der Lohn des Brauereipersonals, dann das gebraute Bier und dessen Verwendung ausgewiesen, endlich der Stand der Bierkasse angegeben.

---

[1] Zwei Exemplare.
[2] Zwei Exemplare, das eine in 1 Heft. das andre in 2 Heften.
[3] In Quart-Format.
[4] Grossfolio.

1717 Apr. 8 —1718 Nov. 30. Jacob Sachs von Harteneck, Rathsgeschworner und „Stadtbierwirthschafts-Director."
1719—1720. Thomas de Scharffenbach.
1721. Jacob Sachs von Harteneck.
1721—1726. Jacob Sachs von Harteneck.
1722 Jan. 1 — Sept. 1. Johann Kinder a Friedenberg Senator.
1722—1724.[1] Johann Kinder de Friedenberg und Martin Schuller Senatoren; Johannes Dietrich, Thomas Mint, Jacobus Jeckel, Kommunitätsmitglieder.
1725—1726. Jacobus Sachs von Harteneck und Martinus Schiller, Rathsgeschworne; Johannes Dietrich, Thomas Mint, Jacobus Jöckel, Kommunitätsmitglieder.
1727—1729. Johannes Kinder de Friedenberg und Daniel Klockner, Senatoren; Johannes Dietrich, Thomas Minth, Jacobus Jeckel, Kommunitätsmitglieder.
1730—1731. Stephanus Waldhütter de Adlershausen, Senator.
1732—1733. Stephanus Waldhütter de Adlershausen, Senator.
1734. Jacobus Sachs v. Harteneck Senator; Daniel Ritter Rathsgeschworner; Johannes Dietrich, Thomas Mint, Kommunitätsmitglieder; Thomas Göckel gewesener Orator (Vorsitzender der Kommunität).
1735. Jacobus Sachs v. Harteneck, Daniel Ritter; Thomas Mint und Andreas Binder, Kommunitätsmitglieder.
1736. Jacobus Sachs v. Harteneck, Daniel Ritter; Andreas Binder und Daniel Geysel, Kommunitätsmitglieder.
1737. Jacobus Sachs v. Harteneck, Daniel Ritter; Andreas Binder und Daniel Geysel, Kommunitätsmitglieder.
1739—1740. Jacobus Sachs von Harteneck, Daniel Ritter; Andreas Binder und Daniel Geysel. Kommunitätsmitglieder.
1741—1744. Andreas Herrmann, Daniel Ritter; Andreas Binder und Daniel Geisel, Kommunitätsmitglieder.
1744—1745.[1] Andreas Herrmann.
1745—1746.[1] Jacobus Sachs der ältere von Harteneck.
1746. Johannes Georgius von Schullenberg.
1746—1747.[1] Johann Kissling, Senator.
Ausser den Rechnungen: Protocollum cerevisiarum Cibiniense 1747 Jan. — 1749 Jan. Samuel Vest, Senator.
1747 Nov. 1 — 1748 Okt. 31.[1] Johannes Kissling, Senator.
1748—1749,[2] Daniel de Rittern, Senator.
1749—1750.[2] Daniel de Rittern, Senator.

[1] Zwei Exemplare.
[2] Militärjahr, vom 1. November bis 31. Oktober dauernd.

1750—1751.[1] Daniel von Rittern, Christian Filtsch; Martin Reinhardt und Georgius Georgii. Adjunkten.
1751—1752.[1] Daniel de Rittern.
1753—1754. Daniel von Rittern und Christian Filtsch, Senatoren; Martin Reinhardt und Georgius Georgii, Adjunkten.
1772—1773.
1773—1774.

8. Holz-Rechnungen 1715—1777.

Ueber die Holzwirtschaft sind meist zweierlei Rechnungen vorhanden, indem der Hopner (siehe oben Seite 73) das Brennholz im Allgemeinen verrechnete und an einen andern Stadtbeamten, den Holzkommissär das Holz abgab, der eine besondere Rechnung führte über das an Militär, Beamten, Kirchen, Schulen verabreichte Brennholz.

1715—1716.[2]
1721. (Bruchstück.)
1725. Andreas Kissling, Senator.
1727—1728. Andreas Kissling, Senator.
1729—1730. Johannes Hammlescher, Holz-Commissarius.
1730—1735. Daniel Kirtscher, Hopffner.
1730—1731.[1] Johannes Hammlischer, Holz-Commissarius.
1731—1732.[1] Johannes Hammlischer, Holz-Commissarius.
1732—1733.[1] Johannes Hammlischer, Holz-Commissarius.
1733—1734.[1] Johannes Hammlischer, Holz-Commissarius.
1734—1735 Juli 31. Johannes Hammlischer, Holz-Commissarius.

1735—1737. Michael Wagner, Hopffner.
1737—1739. Leonhardus Löw, Holz-Commissarius.
1738. Michael Wagner, Hopffner.
1739—1740.[1] Leonhardus Löw.
1742—1743.[1] „ „
1742—1744. Michael Wagner.
1743—1744.[1] Leonhardus Löw.
1744—1745.[3][1] „ „
1745.[3] Michael Wagner.
1745—1746.[3] Joseph Dietrich, Holz-Commissarius.
1746—1747.[1] Michael Wagner.
1747—1750. Andreas Durlesser, Holz-Commissarius.
1747—1748.[1] Michael Wagner.
1748—1749.[1] „ „
1749—1750.[1] „ „

[1] Militärjahr, vom 1. November bis 31. Oktober dauernd.
[2] Quart-Format.
[3] Zwei Exemplare.

1751. Michael Wagner, Senator, und Andreas Durlesser, Holz-Commissarius.
1751—1752.[1] Leonhardus Löw, Hopner, und Andreas Durlesser, Holz-Commissarius.
1752—1753.[1] Leonhardus Löw, Hopner, und Andreas Durlesser, Holz-Commissarius.
1753—1754.[1] Leonhardus Löw, Hopner, und Andreas Durlesser, Holz-Commissarius.
1766—1767.[1] Johann Rietze, Holz-Kommissär.
1767—1768.[1] Johann Rietze, Holz-Kommissär.
1768—1769.[1] Johann Rietze, Holz-Kommissär.
1775. Berechnung des im Gebirg gefällten Holzes. Johannes Filtsch.
1776. Berechnung des im Gebirg gefällten Holzes. Johannes Filtsch.
1777. Berechnung des im Gebirg gefällten Holzes. Johannes Filtsch.

9. Kalk-Rechnungen 1727—1774.

In den Kalk-Rechnungen finden sich die Kosten und das Erträgniss der städtischen Kalköfen bei Hermannstadt verrechnet.

1727—1730. (Siehe die betreffende Bau-Rechnung.)
1745.[2] Georgius Georgii, Adjunctus calcis.
1746—1747.[2] Andreas Czekelius de Rosenfeld, Senator et calcis inspector.
1748.[2] Christianus Filtsch, Senator.
1748—1749.[2] Christianus Filtsch, Senator.
1749—1750.[1] Andreas Waldhütter de Adlershausen, Senator.
1750—1751.[1,3] Andreas Waldhütter de Adlershausen, Senator.
1751—1752.[1,4] Gottfried Majer, Adjunctus calcis.
1753.[2,4] Johann Michael Kessler, Senator.
1765—1766.[1] Andreas de Adlershausen, Inspector; Michael Dietrich und Thomas Drotdleff Adjuncten.
1771—1773.[4] Summarische Berechnung der Einnahmen und Ausgaben der Resinarer Kalkwirthschaft.
1771. Uebersicht über die bei Hermannstadt thätigen Kalköfen. Thomas Drodtleff.
1771. Johann Filtsch.
1773.[4] „
1774. „ „ und Inspector von Seeberg.

[1] Militärjahr, vom 1. November bis 31. Oktober.
[2] Zwei Exemplare.
[3] Diese und die vorhergehende Rechnung sind auch zusammen in 1 Heft enthalten vorhanden.
[4] In Quart-Format.

10. Kirchen-Rechnungen 1601—1766.

In denselben sind als **Einnahmen** die Taxen für Glockengeläute, „gelöste Kirchenstellen" (bestimmte Sitzplätze in den Kirchen), Kirchengräber und Graböffnungstaxen, und Strafgelder, als **Ausgaben** Erhaltungskosten der Kirchen, Pfarrer- und Predigerwohnungen, evangelischen Schulgebäude, auch Wein und Oblatenmehl zum Abendmahl verrechnet. Diese Rechnungen enthalten sehr werthvolle Personalnotizen zur Geschichte der angesehensten Hermannstädter Familien, da zu den einzelnen Einnahmeposten regelmässig Zeit und Person, die in Frage kommen, verzeichnet sind.

1601. Petrus Schelker.
1606.
1617. Johann Vayda.
1619. (Ist in der VII R. des Jahres 1596 enthalten, siehe S. 62.)
1643. (Bruchstück).
1651. Michael Schwartz, aedituus.
1656. Valentinus Stamp.
1674. Georg Armbruster.
1675. Georgius Armbruster.
1679. Melchior Herrmann.
1680. (Bruchstück).
1681. Johann Binder.
1682 Apr. 20 — 1683 Jan. 7. Melchior Herrmann.
1683. Johann Binder.
1684. Johann Herbert.
1686. „ „
1686. Dec. 28—1687. Franciscus Abrahami.
1688 Sept. 3 — 1689. Johannes Lutsch.
1691—1693.[1] Johannes Wayda.
1693 März 23 — Dec. 31. Georgius Werder alias Meltzer.
1694—1695 Febr. 19. Johannes Lutsch.

1695—1696 Mai 2. Tobias Fleischer.
1696 Sept. 11—1699 Apr. 6. Johannes Lutsch.
1699 Apr. 18—1701. Johannes Beuchel Stenczel.
1702—1704 Mai 28. Johann Graffius.
1704 Apr. 17—1705 Sep. 1. Thomas Conrad.
1705 Dec. 1—1707 Dec. 1. Thomas Conrad.
1707 Dec. 1—1708 Juni 1. Thomas Conrad.
1708 Mai 26 — 1710 Febr. 12. Johann Stentzel Beuchel.
1710 Febr. 25 — 1711 Mai 16. Johann Stentzel Beuchel.
1711 Mai 16 — 1712 Dec. 31. Johann Stentzel Beuchel und Adjunkt Martinus Bussner.
1711—1712. Specialrechnung über „Reparierung der Parochie wie auch angehöriger Mayrhoffe". Martinus Bussner.
1713. Georgius Werder.
1713—1715. Rechnung über die „zur Reparirung der hiesigen

---
[1] Zwei Exemplare.

Stadtparochie" vom Königsrichter Petrus Weber von Hermannsburg legirten 1000 fl. Simon Filkenius.

1713 Dec. 9 — 1715 Mai 12. Georgius Werder.

1715 Mai 12 — Dec. 31. Samuel Vest.

1716—1718. Michael Fabritius.

1721. Andreas Goekelius.

1722. Johannes Seywert (Zeivert, Zeywerdt, Zeywertt, Seifferdt).

1722 Dec. 15 — 1724. Johannes Seywert.

1725—1726. Johannes Seywert.

1727—1729. Johannes Seywert.

1730—1731 Juli 31. Johannes Seywert.

1731 Juli 1 — 1734 März 10. Andreas Krauss.

1734. Jacob Sachs von Harteneck.

1735—1736 Jan. 15. Jacob Sachs von Harteneck.

1736. Jacob Sachs von Harteneck.

1737. Jacob Sachs von Harteneck.

1738—1739 Nov. 15. Jacob Sachs von Harteneck.

1739 Nov. 16 — 1740 Juni 30. Jacob Sachs von Harteneck.

1740 Juli 1—1741. Andreas Herrmann, Senator et aedituus.

1742. Andreas Herrmann, Senator et aedituus.

1743. Andreas Herrmann, Senator et aedituus.

1744. Andreas Herrmann, Senator et aedituus.

1745—1746 Jan. 31. Jacob Sachs von Harteneck.

1746 Febr. 1 — Okt. 31. Johann G. von Schulenberg, Senator et aedituus.

1746—1747.[1] Daniel de Rittern, Senator et aedituus.

1747—1748.[1] Daniel de Rittern, Senator et aedituus.

1748—1749.[1] Daniel de Rittern, Senator et aedituus.

1749—1750.[1] Daniel de Rittern, Senator et aedituus.

1750—1751.[1] Daniel de Rittern, Senator et aedituus.

1751—1752.[1] Georgius Verder.

1752—1753.[1] Andreas de Rosenfeld, Senator et aedituus.

1753—1754.[1] Michael Wagner.

1754—1755.[1] " "

1755—1756.[1] " "

1756—1757.[1] " "

1757—1758.[1] " "

1758—1759.[1] " "

1759—1760.[1] " "

1760—1761.[1] " "

1761—1762.[1] " "

1762—1763.[1] " "

1763—1764.[1] " "

1764—1765.[1] " "

1765—1766 Febr. 28. Michael Wagner.

---

[1] Militärjahr.

11. Kupferhammer-Rechnungen 1690—1726.

Die **Kupferhammer-Rechnungen** geben den Ausweis über Instandhaltung der Geschütze auf den Basteien der Stadt, dann des Kupferhammers selbst und die Einnahmen für an Private geleistete Kupferschmiedarbeit.

1690. Johannes Beuchel Stenczel, Inspector.
1693. Andreas Gündisch, Administrator.
1694. Johannes Bakoss.
1694—1695. Johannes Bakoss.
1702. Michael Fabritius.
1708—1710 Febr. 15. Johannes Leonhard.
1710 Nov. 10 — 1711.[1] Georg Enyeter.
1719—1720. Stephanus Valdhütter de Adlershaus, Senator.
1721.[2] Martinus Schüller, Senator.
1722. Daniel Klockner, Senator.
1722—1724. Daniel Klockner. Senator.
1725—1726. Daniel Klockner, Senator.

12. Licht-Rechnungen 1690—1701.

Aus den **Licht-Rechnungen** ist der Lichtbedarf des Generalkommando's ersichtlich.

1690—1691.
1694—1695 Febr. 16. Georg Meltzer, Stadthann.
1695 Febr. 23 — 1696 Aug. 28. Georgius Weiss, Stadthann.
1696 Sept. 10 — 1699 Apr. 7. Johannes Beuchel Stenczel, Senator.
1699 Apr. 19 — 1701.

13. Magazin-Rechnungen 1543, dann 1678—1771.

In den **Magazin-Rechnungen** werden die Einnahmen an gekauftem Korn, Heu und Hafer, oder Naturaleinkünfte aus den Stadt- und Siebenrichterbesitzungen und Naturalsteuern aus den einzelnen Gemeinden, die Abgabe derselben in natura an das Militär, an Beamte und Geistliche, Natural-Entlohnungen für öffentliche Dienstleistungen verrechnet.

1543. Kornregister „in Sanct Jacobskapelle" 1 Blatt.
1678. Korn-Rechnung. Mathias Hennenk, Hannes Kapp.
1679. Korn-Rechnung. Mathias Hennenk, Hannes Kapp.
1687. Heu-R. Johannes Weigmet, (Weigmedt, Vegmet), Georgius Kauntz, Mathias Wagner.

[1] Enthält auch Einnahmen und Ausgaben der Saagmühle.
[2] Enthält auch die Mühlstein-Rechnung dieses Jahres.

1688. Korn-R. Johannes Weigmet. (Weigmedt, Vegmet), Georgius Kauntz. Mathias Wagner, Johannes Lang.
1689. Hafer-R. Johannes Weigmet, (Weigmedt, Vegmet), Georgius Kauntz. Mathias Wagner.
1689—1691. Korn-R.
1690. Korn-R. Georgius Klockner. Franciscus Schuler, Rathsgeschworene.
1691 Aug. 20 — 1692. Korn-R. Johannes Stenczel, Inspector.
1693—1699. Hirse-R. Johannes Graffius, Senator und inspector magazini.
1693.
1693. Korn-R. Georgius Simonius, Inspector.
1694—1695. Weizen- und Hafer-R. Georgius Simonius, Inspector.
1695.[1] Georgius Simonius, Senator.
1695—1696. Getreide und Hafer-R. Johannes Bakoss.
1696—1698. Korn-R. Johannes Graffius.
1696 — 1698. Hafer-R. Paulus Brelfft, Inspector.
1698 — 1701. Hafer-R. Paulus Brelfft, Inspector.
1698 Nov. 1—1701 Okt. 31. Korn-R. Johannes Graffius, Senator; Andreas Göckel, Hundertmann.
1701. Heu-R. Georgius Kauntz.
1701—1702. Hafer-R. Georgius Reussner a Reussenfels.

1701 Nov. 1—1704 Okt. 31. Korn-R. Andreas Gökel, Senator; Thomas Göckel. Hundertmann.
1702 — 1704. Hafer-R. Michael Fabricius.
1703 — 1704. Heu - R. Petrus Reissner.
1704 Nov. 1—1705 Nov. 30. Korn-R. Andreas Gökel, Senator. Thomas Göckel, Hundertmann.
1704 — 1705. Heu - R. Petrus Reussner alias Binder.
1705 Dec. 1 — 1707 Juli 1. Korn-R. Andreas Gökel, Senator; Hilarius Ernestus Biener.
1707 Mai 17—1708 März 24. Korn-R. Johannes Dietrich.
1708 März 24—Dec. 31. Johannes Dietrich.
1709 Jan. 1 — Dec. 31. Johannes Dietrich.
1710—1711.
1710—1711. Korn - R. Johannes Dietrich.
1711. Leonhardus Löw. Georg Enyetter.
1711 Mai 3—1713 Nov. 30. Heu-R.
1711 Dec. 16 —1713 Nov. 30. Weizen-, Hafer-, Heu- und Hirse-R. Samuel Vest.
1713 — 1715. Weizen-, Hafer-, Heu-R, Johann Zeywertt.
1714—1715. Heu-R.
1714 Febr. 3 — 1715 Nov. 29.
1715—1717. Getreide-R.
1717—1718. Michael Czekelius.
1718—1720. Michael Czekelius.

[1] Wo nichts besonders bemerkt ist, trägt die Rechnung den Namen Magazins-Rechnung.

1721—1722. Jacobus Sachse de Harteneck.
1722.[1] Johann Kinder de Friedenberg, Senator.
1722[1]—1724. Johann Kinder de Friedenberg, Senator.
1725—1726. Jacob Sachse ab Harteneck.
1726—1727 Okt. 31. Jacobus Sachs ab Harteneck, Senator.
1727 Jan. 1 — Dec. 31. Jacobus Sachs ab Harteneck, Senator.
1727 Nov. 1 — 1728 Okt. 31. Jakobus Sachs ab Harteneck, Senator.
1728. Jacobus Sachs ab Harteneck, Senator.
1728 Nov. 1 — 1729 Okt. 31 (2 Stücke). Jacobus Sachs ab Harteneck, Senator.
1729—1730. Jacobus Sachs ab Harteneck, Senator.
1730—1733. Brod-R. (Czipo-R.) Jakob Jekelius, Marktrichter.
1730—1734 Apr. 30. Johannes Kinder a Friedenberg, Senator.
1734 Mai 1 — 1736 Okt. 31. Stephanus Waldhütter ab Adlershausen, Senator.
1736—1737.[2] Stephanus Waldhütter ab Adlershausen, Senator.
1737—1738.[2] Stephanus Waldhütter ab Adlershausen, Senator.
1738—1739.[1][2] Stephanus Waldhütter ab Adlershausen, Senator.
1739—1740.[1][2] Daniel Klockner, Senator.
1740—1741.[2] Daniel Klockner, Senator.
1741—1742. Daniel Klockner, Senator.
1742—1744. Daniel Klockner, Senator.
1744—1745.[1][2] Johannes Jacobus Abraham de Ehrenburg, Senator.
1745—1746.[1][2] Johannes Jacobus Abraham de Ehrenburg, Senator.
1746—1747.[1][2] Daniel de Rittern, Senator.
1747—1748.[1][2] Daniel de Rittern, Senator.
1748—1749.[2] Johannes Georgius de Schulenberg.
1749—1750.[2] Johannes Georgius de Schulenberg.
1750—1751.[2] Johannes Georgius de Schulenberg.
1751—1752. Johannes Georgius de Schulenberg.
1759.
1760.
1762.
1763—1764.[2] Hafer-R. Simon Czekelius.
1763—1764.[2] Heu-R. Simon Czekelius.
1764—1765.[2] Heu-R. Simon Czekelius.
1764—1765.[2] Hafer-R. Simon Czekelius.
1765—1766.[2] Heu- und Hafer-R. Simon Czekelius.
1766—1767.[2] Heu- und Hafer-R. Simon Czekelius.
1769—1770.[2] Heu- und Hafer-R. Simon Czekelius.
1770—1771.[2] Heu- und Hafer-R. Simon Czekelius.

[1] Zwei Exemplare.
[2] Militärjahr.

14. Mühlstein-Rechnungen 1703—1752.

Da die Stadt eigene Mühlen besass, so 2 Borgermühlen, 2 Sagmühlen, Heidenmühle, Rossmühle (auf der Wiese), wurden Mühlsteine vorräthig gehalten, der Bedarf der städtischen Mühlen gedeckt und an die Landgemeinden des Hermannstädter Stuhles Mühlsteine verkauft. Die Mühlstein-Rechnungen geben darüber Auskunft.

1703—1704.[1] Andreas Teutsch, Senator.
1707—1708 Mai 27. Johannes Leonhard.
1708 Mai 23. — 1710. Johannes Leonhard.
1711—1712. Johannes Zeiwert, Senator.
1715.[2] Peter Binder.
1716—1718.[2] Peter Binder.
1718 Dec. 16 — 1720.[2] Michael Kessler.
1723—1724.[2,3] Andreas Hermann.
1730—1734 März 31. Johannes Georgius Vette.
1734 März 12 — Dec. 31. Johannes Georgius Schuller.
1735. Johannes Georgius Schuller.
1736—1737. Johannes Gottschling, Senator.
1740.[2] Johannes Georgius Schuller.
1742—1744. Johannes Georgius Schuller.
1745.[2] Johannes Georgius Schuller.
1746—1747.[2,4] Specialrechnung über die obere Mühle in Freck. Samuel Vest, Senator.
1746—1747.[2,4,5] Christianus Filtsch. Senator.
1747—1748.[2,4,5] Christianus Filtsch, Senator.
1748 Nov. 1 — 1752 Okt. 31.[6] Andreas Waldhütter de Adlershausen. Senator.

15. Quartier-Rechnungen 1730—1784.

Die Quartier-Rechnungen weisen als Einkünfte Beiträge aus der Militär-, Provinzial- und Domestikal-Steuer,[7] als Auslagen die Quartier- und Verpflegsvergütung aus, welche an die Hermannstädter Bürger für Einquartierung bezahlt wurden. Meist sind die einzelnen Truppenkörper, die Generale und Officiere namentlich genannt.

[1] Enthält auch die Kupferhammer-Rechnung desselben Zeitraumes.
[2] In Quart-Format.
[3] Enthält auch die Kalk-Rechnung dieses Jahres.
[4] Militärjahr.
[5] Zwei Exemplare.
[6] Zwei Exemplare, wovon das eine aus 4 Heften, je 1 Militärjahr enthaltend, besteht.
[7] Siehe: Fr. Schuler von Libloy, siebenb. Rechtsgeschichte (2. Auflage Hermannstadt, 1867) I. 296.

1730.
1731. Johannes Hegjer, G. Kessler, Quartiermeister.
1732. Johannes Hegjer, G. Kessler, Quartiermeister.
1733. Johannes Hegjer, G. Kessler. Quartiermeister.
1734. Johannes Heger, Andreas Klöss.
1735. Andreas Klöss, Martinus Reinhard.
1736.[1] Andreas Klöss, Martinus Reinhard.
1737.
1738.
1740.[1] Andreas Klöss, Josephus Dietrich.
1741.[1] Andreas Klöss. Josephus Dietrich.
1745.[1]
1746.[1]
1747.[1]
1748.[1]
1749.[1]
1750.
1751.
1751. Häuserkonsignation der Oberstadt.
1752.
1753.
1754.[1] Johann Georg von Rittern.
1755.[1]   „
1756.[1]   „   „   „
1757.[1]   „   „   „

1758.[1] Johann Georg von Rittern.
1759.[1]   „   „   „   „
1759—1760. Laurentius Wappner (Vapner.)
1760—1761.[1] LaurentiusWappner (Vapner.)
1761—1762.[1] LaurentiusWappner (Vapner.)
1762—1763.[1] LaurentiusWappner (Vapner.)
1763—1771. Verzeichniss derjenigen Häuser, welche an im Quartier - Regulament angesetztes Personale Quartier abgegeben haben.
1763. (Drei Hefte: Generalstabs-Quartierbonifikation, Kopierbuch der Quartierkommission, Protokoll über die Quartierbonifikation.)
1763. Prospekt über die Einhebung des Groschens von jedem Bonifikationsgulden (d. i. für Quartier vergüteten Gulden).
1763—1764. LaurentiusWappner.
1764—1765.[2]   „   „
1769—1773. Repartition rückständiger Quartiervergütungen.
1771—1772.
1772—1773.
1777—1778.
1778—1779.
1781—1782.
1782—1784.[3]

[1] Zwei Hefte, 1 für die Sommer-, 1 für die Wintermonate.
[2] Zwei Exemplare.
[3] Ein 2. Exemplar enthält nur die Zeit vom 1. November 1782 bis 30. April 1784.

16. Salpeter-Rechnungen 1741—1751.

In einem „Saliter schopfen" wurde in Hermannstadt Salpeter erzeugt, dessen Erzeugungskosten sowie Verkauf oder unentgeltliche Abgabe an den „kaiserlichen Pulververschleiss" in den Salpeterrechnungen verrechnet sind.

1741. Georgius Schuller, Med. Doctor et Senator (Kosten der Einrichtung der Salpetersiederei).
1742—1744. Johann Georg de Schulenberg, Inspector.
1746. Johann Georg de Schulenberg, Inspector.
1747. Johann Georg de Schulenberg, Inspector.
1748. Johann Georg de Schulenberg, Inspector.
1749. Johann Georg de Schulenberg, Inspector.
1750. Johann Georg de Schulenberg, Inspector.
1751. Johann Georg de Schulenberg, Inspector.

17. Spital-Rechnungen.

a) Bürgerspital-Rechnungen 1502—1799.

In den Bürgerspital-Rechnungen wird Rechnung gelegt über die aus dem Erträgniss der dem Spitalfond gehörigen Realitäten, aus Legaten und Almosen, aus den Zinsen für Aktivkapitalien erwachsenen Einnahmen sowie über die Ausgaben für Erhaltung des Spitals, Verpflegung Kranker und Armer, für Almosen und Begräbnisskosten armer Leute und Besoldung des Spitalpersonals.

1502—5. (Lateinisch: Gedruckt: Quellen I. 393 ff.)
1528. Hans Mwssich, Spitalsmeister. (Gedruckt: Bielz' Transsilvania III. 174 ff.)
1537—1538. Endres Weißpeck.
1561. Benedictus Wagner, provisor hospitalis.
1578—1579. Seruacius Hunnderttbuchler, Spittalsvatter.
1581. Michael Scheurner.
1582. „ „
1597. Bartolomäus Weisspeck.
1598. „ „

1604. 1606. 1608. 1638. 1654.
1654. Verzeichniss der dem Spital gehörigen Aecker und Wiesen auf Hermannstädter Hattert, erneuert 1674. Enthält auch ein Verzeichniss der auf Neppendorfer (aus dem Jahre 1656) und Schellenberger Hattert (1657 und 1691) gelegenen Spitalgrundstücke.[1]
1688—1689. Johannes Molner.
1689. Johannes Molner.
1690.[1] Thomas Conrad.
1694—1695.[1] Thomas Conrad.

[1] In Quart-Format.

1699. Andreas Gärtner.
1699—1701. Michael Fabricius.
1701—1702 Juli 22. Michael Fabricius.
1702 Juli 23 — Dec. 31. Johannes Dietrich.
1703—1704 Apr. 17. Johannes Dietrich.
1704 Apr. 17 — 1705. Georgius Weinhold.
1705—1707. Georgius Weinhold.
1708—1709.
1709. Thomas Hihn.
1712. „ „
1713. „ „
1714. „ „
1715. „ „
1716. „ „
1719. „ „
1720. Leonhard Löw.
1720 Dec. 12 — 1721 Dec. 24. Simon Weber. Hundertmann und Inspector des Spitals.
1721 Dec. 24 — 1722 Nov. 30. Martinus Theil.
1722 Dec. 1 — 1723 Nov. 30. Martinus Theil.
1723 Dec. 1 — 1724 Nov. 30. Martinus Theil.
1725—1726. Martinus Theil.

1727—1729. Martinus Theil.
1735. Johannes Dietrich.
1736. „ „
1737. Daniel Kirtscher.
1737 Nov. 1 — 1738 Mai 1. Daniel Kirtscher.
1738 Mai 18 — 1739. Thomas Mindt.
1739—1740. Thomas Mindt.
1741. Thomas Mindt.
1742—1744. Thomas Mindt.
1745. Thomas Mindt.
1746. Johann Hamlescher.
1747. „ „
1748. „ „
1749—1750. Johann Hamlescher.
1751—1752. „ „
1753—1754. „ „
1755—1756 Juni 30. Johann Hamlescher.
1756. Leonhardus Löw.
1758—1768. Leonhardus Löw. (Ueber jedes dieser Jahre ist ein Rechnungsbuch vorhanden.)
1769—1770. Andreas Durleser.
1771—1776. Andreas Durleser. (Ueber jedes dieser Jahre ist ein Rechnungsbuch vorhanden.)
1797—1798.[1] Johann Haupt.
1798—1799.[1] „ „

b) **Militärspital-Rechnungen 1742—1759.**

Von dem Jahr 1742 an sind specielle Militärspital-Rechnungen vorhanden über die Kosten des aus Stadtmitteln eingerichteten Militärspitals.

1742—1744. Andreas Czekelius de Rosenfeld, Senator.

1745—1746. Bartholomeus de Baussnern, Senator.

[1] Militärjahr.

1746—1747.[1,2] Bartholomeus de Baussnern, Senator.

1747—1748.[2] Bartholomeus de Baussnern, Senator.

1748 Mai 1 — Okt. 31.[3] Andreas Waldhütter de Adlershausen, Senator.

1748 Nov. 1 — 1749 Jan. 6.[3] Andreas Waldhütter de Adlershausen, Senator.

1749 Jan. 6 — Okt. 31.[2] Jacob Hutter, Senator.

1749 — 1750 Febr. 28. Jacob Hutter, Senator.

1750 Jan. 1 — Okt. 31.[2] Christianus Filtsch, Senator.

1750 1751.[1] Christianus Filtsch, Senator.

1751—1752.[1] Christianus Filtsch, Senator.

1752—1753.[1] Christianus Filtsch, Senator.

1753—1754. Aug. 31. Christianus Filtsch, Senator.

1754 Sept. 8 — Okt. 31.[4] Michael Wagner, Senator.

1754 Nov. 1 — 1758 Okt. 31.[4] Michael Wagner, Senator. (Ueber jedes einzelne Militärjahr ist ein Rechnungsbuch vorhanden.)

1758 Nov. 1 — 1759 Apr. 30. Michael Wagner, Senator.

18. Straf-Rechnungen 1615—1799.

Die in den Straf-Rechnungen angesetzten, meist für Diebstahl und körperliche Beschädigung eingehobenen Strafgelder wurden an die Konsularkasse abgeführt.

1615—1616. Petrus Khamner, Stuhlsrichter.
1624.
1634.
1640.
1643.
1644.
1674. Reschinarer Strafregister.
1678.[2]
1679.[2] Christian Reichardt, Stuhlsrichter.

1680.[5] Christian Reichardt, Stuhlsrichter.
1681.[6] Christian Reichardt, Stuhlsrichter.
1682.[6] Christian Reichardt, Stuhlsrichter.
1683.[6] Christian Reichardt, Stuhlsrichter.
1694.[2] Michael Speckelius, Stuhlsrichter; Mathias Eysenberger Sekretär.

[1] Militärjahr.
[2] Zwei Exemplare.
[3] In Quart-Format. Beide Rechnungen sind auch in einem Folioheft vorhanden.
[4] In Quart-Format.
[5] Reinschrift und Koncept, zusammen 3 Stück; ein 4. Stück unvollständig.
[6] Reinschrift und Koncept.

1695.[1] Johannes Zabanius, Stuhlsrichter; Mathias Eysenberger, Gerichtsschreiber.

1696.[1] Petrus Weber, Stuhlsrichter; Mathias Eysenberger.

Um 1696. Unvollständiges Exemplar.

1697.[2] Petrus Weber, Stuhlsrichter

1698.[3]

1699.[3] Petrus Weber, Stuhlsrichter.

1700.[5] Mathias Eysenberger, Sekretär.

1701.

1702.

1722. Michael Czekelius, Stuhlsrichter; Johann Gottschling, Sekretär.

1723. Michael Czekelius, Stuhlsrichter; Johann Gottschling, Sekretär.

1724. Michael Czekelius, Stuhlsrichter; Johann Gottschling, Sekretär.

1725. Michael Czekelius, Stuhlsrichter; Johann Gottschling, Sekretär.

1726. Michael Czekelius, Stuhlsrichter; Johann Gottschling, Sekretär.

1728. Michael Czekelius, Stuhlsrichter; Johann Gottschling, Sekretär.

1729. Michael Czekelius, Stuhlsrichter; Johann Gottschling, Sekretär.

1746—1749.

1761—1766.

1769—1771.

1771.

1774—1776.

1777.

1781.

1783—1786.

1798—1799.

19. Waag-Rechnungen 1745—1768.

Dieselben enthalten die Einkünfte aus dem städtischen Waaghaus.

1745 (Bruchstück).[4]

1746—1750.[4,5] Martinus Schlem.

1751.[1]

1752.[1] Michael Ahlefeldt.

1752—1753.[1,6] Michael Ahlefeldt.

1767—1768.[6]

[1] Drei Stück.
[2] Zwei Stück.
[3] Zwei Exemplare.
[4] In Quart-Format.
[5] Ueber jedes dieser Jahre ist auch ein besonderes Rechnungsbuch vorhanden.
[6] Militärjahr.

20. Wein-Rechnungen.

In diesen werden theils die Weinaccise theils das Weinerträgniss aus den Besitzungen der Stadt und der Siebenrichter verrechnet.

a) Weinaccise und Weinschanktaxen 1701—1767.

1701—1703. Johannes Leonhard.	1745.
1730—1734. Andreas Zetz.	1746.
1735. Andreas Zetz.	1746—1747.[2] A. Durlesser.
1736. „ „	1747 (zwei Stück).
1737. „ „	1748 (drei Stück).
1741.	1749—1750.
1742. Johannes Kann.	1750.
1743.[1] „ „	1752—1753.
1743–1744. Ludovicus Feldberger.	1766—1767.[2]

b) Weinerträgniss aus den Besitzungen Abtsdorf, Galis, Grabendorf (Valye), Grossdorf (Szelistye), Grosspropstdorf, Hamlesch, Kerz, Kleinpropstdorf, Kollun, Marienburg (Földvar), Orlat, Reussen, Rukkur 1693—1754.

1693—1694.	1746.[1] A. Durlesser.
1730—1733. Andreas Herrmann.	1747.
1736—1737. Leonhardus Löw.	1748.[1] A. Durlesser.
1739. Leonhardus Löw.	1749.[1] „
1742. „ „	1750.[1] „
1743. „ „	1751.
1744. „ „	1752. A. Durlesser.
1745.[1] „ „	1753—1754. A. Durlesser.

21. Zuchthaus-Rechnungen 1754—1775.

In den Zuchthaus-Rechnungen kommen zur Verrechnung das Erträgniss der Walkmühle, eines Gartens und der Deckenmacherei, an der sich die Arrestanten betheiligten, und die Erhaltungskosten des Zuchthauses und der Walkmühle, Verpflegung der Arrestanten und Lohn des Aufsichtspersonals.

1754—1756 Okt. 31. Wolffgang Andreas von Wielandt.	1757—1758.[2] Wolffgang Andreas von Wielandt.
1756—1757.[2] Wolffgang Andreas von Wielandt.	1758—1759.[2] Wolffgang Andreas von Wielandt.

[1] Zwei Exemplare.
[2] Militärjahr.

1759—1767. Simon Czekelius, Zuchthausverwalter. (Ueber jedes einzelne Militärjahr ist ein Rechnungsbuch vorhanden.)
1767—1771. Georgius Binder, Zuchthausverwalter. (Ueber jedes einzelne Militärjahr ist ein Rechnungsbuch vorhanden.)
1775. Georgius Binder.

22. Zwanzigst- und Dreissigst-Rechnungen.

a) Zwanzigst-Rechnungen 1500—1623, beziehungsweise 1641.

In den Zwanzigst- und Dreissigst-Rechnungen[1] werden die Zolleinnahmen Hermannstadts von der Rothenthurmer Zollstätte und die Kosten der Zollamtsgebäude und des Personals verrechnet; auch werden von den Zolleinnahmen Kundschafter bezahlt, die in die Walachei von Zeit zu Zeit ausgesendet wurden, um besonders kriegerische Vorbereitungen der Türken auszuspähen.

1500—1509. Hermannstädter und Kronstädter Zwanzigst- (Vigesimal-) Rechnungen.[2]
1507.
1537. Jacobus Enyetter, Benedictus Marckgreb, vigesimatores.
1538. Johann Homlesser.
1540.
1541. Petrus Norremberger.
1542.
1543. Thomas Goldt, Thomas Güst.
1546.
1550. Mathes Bunczler.
1553.
1559—1560. Jerg Hecht.
1578. Lucas Milles, Senator.
1579. Jörg Hechtt.
1583. Blasius Weis.
1585. Johannes Lulay.
1587. Johannes Waydt (Waida).
1588. Berrndines Jungling.
1591. Daniel Weiss.
1593. Emrich Bidner (Vest).
1594. Joann Wayda „der Eltere".
1595. „   „
1597. Lucas Engetter.
1600.
1614. Bartholomeus Kauffman Croner.
1614.
1616. Joannes Schuller.
1616. Joannes Franciscus.
1622—1623. Joannes Schwartz. (Enthält auch eine Notiz aus dem Jahr 1641.)

---

[1] Siehe: Fr. Schuler von Libloy, siebenbürg. Rechtsgeschichte I. 280 f. — Quellen zur Geschichte Siebenbürgens aus sächsischen Archiven I. Einleitung XIII. f.

[2] Gedruckt: Quellen zur Geschichte Siebenbürgens I. 270 ff.

b) Dreissigst-Rechnungen 1666—1720.

1666.[1] Joannes Christophorus Rasta.
1667.[1] Joannes Christophorus Rasta.
1668.[1]
1670—1671. Johannes Weinholt (Boros).
1673.[2] Johannes Weinholt (Boros).
1673 Aug. 22 — 1674. Joannes Creutzer.
1674—1675. Joannes Creutzer.
1675—1676. „ „
1678—1682 März 26. Joannes Creutzer.
1682 März 26 — Nov. 1.[2] Johannes Bakoss.
1684.[1] Johannes Bakoss.
1685—1686 Mai 7.[1]
1686 Mai 7 — Okt. 31. Martinus Schiller.
1687 Okt. 5 — 1688[1] (zwei Stück).
1687 Juli 1 — 1689. Martinus Schiller.
1689—1692. Martinus Schiller.
1689.[1] Georgius Makray.
1691—1692. Martinus Schiller.
1720. Johannes Georgius Vette, Castellanus rubrae turris.

Geschütz-Rechnungen 1552—1557.

Von kaiserlichen Zeugmeistern (siehe oben Seite 22), welche mit Castaldo's Truppen 1551 nach Siebenbürgen gekommen waren (Einzug der Kaiserlichen in Hermannstadt 17. August), sind mehrere Geschützrechnungen mit Verzeichnissen von Geschützen und Angaben über Auslagen für Geschütze und Munition vorhanden. Aus dem Nachlasse des kaiserlichen Zeugwartes Conradt Haass von Dorrnbach ist ein Folioband über das Jahr 1552, dann ein Folioheft über die Jahre 1552—1554 und ein Bündel über die Jahre 1552—1555 vorhanden, ferner drei Foliohefte über die Jahre 1552 bis 1556, zwei Foliohefte über die Jahre 1552—1557, ein Folioheft über die Jahre 1553—1554. Aus dem Nachlass des Zeugmeisters von Walderstein rührt ein Heft in Schmalfolio über die Jahre 1553 bis 1555 her.

---

[1] In magyarischer Sprache abgefasst.
[2] Zwei Exemplare, davon eines in magyarischer Sprache.

V. Handschriften.

Die Handschriften des Archives mit geschichtlichem, eine mit kriegswissenschaftlichem Inhalte sind hier in alphabetischer Folge nach den Schreibern beziehungsweise Verfassern verzeichnet. Die alte Blatt- oder Seitenbezeichnung ist beibehalten worden; wenn solche in einer Handschrift gänzlich fehlte, wurde für diese die Blattzählung eingeführt.

Martinus Fay: Codex iurium decimalium cleri Saxonum, Papier, 346 Blätter, Folio, Halbpergamentband, geschrieben von Martin Fay († 1786 als Pfarrer in Scharosch).

Auf Blatt 2 alter Titel: Codex iura decimalia sive ius in decimas cleri Saxonum Transilvaniae complectens, abs reverendissimo atque doctissimo domino Georgio Jeremia H a n e r o, ecclesiarum per Transylvaniam Augustanae confessioni addictarum superattendente meritissimo, gravissimo, contra moderni fisci regii inopinatos insultus dilucidata, demonstrata, defensa: exque suis manu propria conscriptis pagellis ordine contraversiarum chronologico collecta atque descripta per Martinum Fay, pastorem Sarosiensem iisdem in annis, quo luci publicae sunt exposita.

Die Handschrift enthält auf Blatt:

6—9' Fundamenta iuris, quo clerus Saxonicus ex fundo Saxonico decimas olim integras habuit, indigitata a nonnemine (G. Jer. Haner). 1747.

10—13' Fundamenta iuris pastorum in Transilvania Saxonicorum in decimas incolarum fundi regii Wallachicorum.[1] Anno 1751 mense Martio.

14—31 Assertiones quaedam de privilegio Saxonum Transilvanorum nationali deque decimis eorundem historico-politicae, quas ipsissimo potissimum sacro regum Hungariae Transilvaniaeque principum verbo firmavit . . . Anno 1752.

[1] Von dieser wie von allen folgenden Abhandlungen ist Georg Jeremias Haner der Verfasser, wenn nicht ein andrer Verfasser namhaft gemacht wird.

32—45' Adserta fisci Transilvanici nupera, quae ex literis transmissionalibus excerpta fideliter exhibuit hisque observationes ad defendendam causam capituli Barcensis decimalem necessarias subiunxit . . . Anno 1753.

46—49 Decimae peregrinorum integrae pastoribus capituli Mediensis. Anno 1754.

50—53' Subsidium pastorum in Transilvania Saxonicorum nationale re vera onus esse contributionale paucis mediantibus observationibus demonstratum dedit . . . Anno 1755.

54—57' Tres decimarum quartae fundi Saxonum regii ex privilegiis partim, partim patriae legibus pastoribus in Transilvania Saxonicis adsertae. Anno 1756.

58—60' Juris pastorum in Transilvania Saxonicorum decimalis succincta ast genuina repraesentatio, occasione conditi nuper a commissariis regiis articuli verba infra post paragraphos adiecta. Anno 1764 die 13. Martii.

74—119' Juris parochorum catholicorum, in fundo Saxonum Transilvanorum regio decimalis thetica expositio Petaueriana, necessariis quibusdam observationibus collustrata. Anno 1768.

120—121 Ad quaestionem nuperam: Num fundus regius sit bonum fisci? responsio ex Hungariae regum principumque Transsylvaniae, huius insuper statuum et ordinum mente. Anno 1769. Mense Maio.

124—135' Puncta instructionis decimalis Frendeliana cum priscis principum instructionibus, articulis regni diaetalibus legibus patriae publicis. cleri Saxonum privilegiis, antiquo decimationis modo cumque recepta usu et consuetudine collata. Anno 1769 mense Maio.

136—136' Difficultates in opera decimationis obventae in sede Mediensi. [1]

138—141' Geziemende Erörterung und gewissenhaffte Beantwortung derer in dem Medwischer Stuhl zu Saros und Valdhütt, bey der Lämmerverzehndung abseiten des fisci regii vorgeblich sich ereigneten Difficultäten . . . durch Martinum Fay. 1769 10. August.

142—143 Admonitorium de restituendis decimis unius quartae ad communitatem Elisabethopolitanam. 1769 die 11. August.

[1] Aus den betreffenden Zehntaktenstücken ausgeschrieben durch Martin Fay.

146—147 Difficultates in regestra decimalia, ovium, caprarum, agnellorum et hadulorum, Andreae Albert locorum Szász-Sáros, Waldhüt, Etzel, Táblás, Nimes et Buzd sedis Saxonicalis Mediensis decimatoris, de anno 1769 exhibita datae.[1]

150—169' Theses de decimis fundi Saxonum regii quartisque eius fiscalibus notis necessariis illustratae. Anno 1770 mense Februarii.

170—174' Prisca et recentiora quaedam regum Hungariae Transilvaniaeque principum oracula mandata factaque publica item statuum et ordinum conclusa observato, quoad eius fieri potuit ordine chronologico cum nuperis fisci Transsilvanici regii adsertis ordinationibus et attentatis collata. A prima mensis Martii usque ad 10. Aprilis anno 1770.

175—175' Quod pastorum Szaszvarosiensium decimae non sint bona fiscalia argumentorum heptade demonstratum dedit . . . Anno 1770 mense Junii.

176—181' De decimis peregrinorum seu extraneorum Birthalbensibus et Muschnensibus genuina facti species ad specialem regii gubernii 17. Sept. 1770 dispositionem delineata. 1770 7. und 8. November.

182—184 Positiones de privilegii Gabriele-Bathoriani validitate anno 1770 die 13 Dec. deproperatae.

184'—187' Nonnullae de decimarum ademtione ac restitutione quaestionis ipso ex privilegio restitutionali Gabriele-Bathoreano specialique condito desuper regni articulo resolutae. Viennae, anno 1773 mense Martio.

188—190 Recentissima fisci Transylvanici regii adserta iuri Saxonum decimali praeiudiciosa, ex ipso fori productionalis deliberato extracta. 1771. die 22.—28. Januarii, Birthalbini.

190'—197' Briefe von Georg Jeremias Haner und Martin Fay aus dem Jahre 1771, letzterer über den Zehnten der Scharoscher Pfarre.

198—209' Rationes procuratoriae privilegii Saxonum nationalis validitati oppositae connexaeque cum iis adsertiones mediantibus quibusdam observationibus. Anno 1771.

210—211 Quod decimae pastorum Saxonicorum nunc actionatae, maiores, non sint bona fiscalia argumentorum hexade breviter demonstratum dedit . . . Anno 1771, mense Junio, die 17., 18.

---

[1] Aus den betreffenden Zehntaktenstücken ausgeschrieben durch Martin Fay.

212—215. Quaestiones quaedam dubiae inter fiscum Transilvaniae regium ex una et nationem Transylvaniae Saxonicam parte ex altera. Anno 1771, mense Junio, a die 21. sequentibus.

218—222' Sermo de rebus proximi biennii memorabilioribus in synodo anni 1771 Octobrili habitus.

226—227' (Druck) Verordnung des Mediascher Magistrates vom 23. December 1771 betreffend den Fiskalzehnten.

228—237' Etliche neue Sätze, auf welche das in der Barczenser Zehnd-Sache im Jahr 1752, den 26. September gesprochene Deliberat gegründet worden, vermittelst einiger Anmerkungen aus alten Urkunden als unrichtig erwiesen. Februar 1772.

238—244' Privilegii Gabriele-Bathoriani (1612) et articuli diaetalis coaevi cum approbatarum constitutionum partis II. tituli X. articulo IV. de anno 1653 conciliatio. Anno 1773, mense Januario, Wiennae.

246—246' De privilegio Gabriele-Bathoriano non obstante specioso fisci regii obiectione usu roborato observationes. Wiennae, anno 1773, mense Februario.

252—301' Potiora de decimis, uti in genere ita illis fundi Saxonum regii in specie deque censu pastorum in Transilvania Saxonum cathedratico fisci procuratorum praeiudicia ex recentissimis eorum contra nationem Saxonicam allegationibus excerpta. Wiennae, anno 1772—1773.

302—329' Antiquus pastorum in Transilvania Saxonicorum decimas percipiendi modus coaevis ex documentis contra novitia quaedam procuratoris fiscalis adserta comprobatus. Anno 1775, mense Maio sequentibus. Die Handschrift ist aus dem Nachlass des Hermannstädter Senators Josef Bergleiter († 2. August 1856) im Jahre 1881 in das Archiv gekommen.

Kunstbuch des **Hanns Haasenwein** und **Conrad Haas**, geschrieben in den Jahren 1417—1569, Papier, 392 Blätter, quart, Lederband. — Die Handschrift behandelt die Pulvererzeugung, Geschützwesen und Kriegsmaschinen und besteht aus drei von verschiedenen Händen geschriebenen Theilen. Der erste Theil, Blatt 1 bis einschliesslich 36 ist in den Jahren 1417—1459 geschrieben durch „Hanns Haasenwein auß dem Haasenhoff bei Landshut geborenn im Bayerland"; der zweite Theil, Blatt 37 bis einschliesslich 110 rührt von einer andern Hand der zweiten Hälfte des 15. Jahrhunderts her; auf Blatt 110' und 111 finden sich Zeichnungen des Zeugwartes Connrad Haas; der dritte Theil, mit einem nicht numerirten, früher auf Blatt 111 aufgeklebten Blatt beginnend. ist von „Connrad Haas vonn Dornbach bey Wien in Oesterreich", kaiserlicher Zeugwart und Zeugmeister in Ungarn und Siebenbürgen, in den Jahren 1529—1569 geschrieben worden. Die Handschrift enthält viele Zeichnungen von Geschützen, Belagerungswerkzeugen, Geschossen und verschiedenem Kriegsgeräthe. — Vgl. Anzeiger für Kunde der deutschen Vorzeit 1857 Spalte 401—404.

Urkunden-Abschriften aus dem Hermannstädter Archiv von **Martin Georg Hirling**, geschrieben in den Jahren 1790—1792, Papier, 192 Seiten. folio. Halbpergamentband. Enthält 114 Abschriften und mehrere Regesten von Urkunden des Hermannstädter Archives aus den Jahren 1490—1499. Vgl. Archiv des Vereins für siebenbürg. Landeskunde. Neue Folge XIX. 116 f.

Brocardia antitoppeltiana qua originum ac occasuum Transylvanorum seu erutarum Transylvaniae nationum earumque ultimi temporis revolutionum hystorica narratione authore Laurencio Toppeltino de Megyes salse ac false comprehensarum refutationem genuinamque horum omnium sententiam ac originem classicam scriptorum authoritate confirmatam breviter exhibet **Matthias Miles**, Cibiniensis civis. anno 1669 die 15 Marcii. Papier, 284 Seiten. folio. Lederband. Mit Index auf Seite 279—284.

Monumenta ecclesiastica, geschrieben im 17. und 18. Jahrhundert, Papier. 15 Blätter, dann 528 Seiten. folio. Lederband. Enthält Blatt: 1—3 Regesten der in diesem Band eingetragenen Urkundenabschriften; Seite: 1—154 Abschriften von Urkunden aus den Jahren 1224—1681, welche die siebenbürgisch-sächsische Kirche betreffen, geschrieben Ende des 17. Jahrhunderts von Michael Pancratius, Sohn des Superintendenten Michael Pancratius; 328 bis 329 Transactio duarum diocesium Albensis et Milkoviensis, 1545, geschrieben im 18. Jahrhundert; 331—355 Visitationsartikel aus den Jahren 1577, 1607, 1650, 1681 und 1680; 358—364 Limitationes cleri Saxonici; 365—366 Notula de divisione quartarum inter pastores eorumque heredes cum successoribus suis; 367 Nomina superintendentium ecclesiarum Saxonicarum in Transilvania (bis 1667); 370 Consignatio capitulorum, pastorum, diaconorum, rectorum Saxonicorum (1686); 371—394 Compendium privilegiorum ordini ecclesiastico Saxo-evangelico in Transilvania a variis imperatoribus, regibus . . . exhibitorum. Alles bis hieher von einer

Hand des 18. Jahrhunderts geschrieben; 411—417 Index privilegiorum in arca capituli Kyzd repositorum . . . collectus a Petro Surio anno 1600; 433—434 Verschiedene Notizen über Beamten der Stadt Schässburg aus einem alten Schässburger Stadtbuch 1487 bis 1693, geschrieben von dem obigen Michael Pancratius. Der Band war früher im Besitze des Hermannstädter Stadtpfarrers Johann Roth († 23. Juli 1866) und ist aus Privatbesitz 1879 in das Archiv gekommen.

Ius Saxonum Transilvanorum Augustanae confessioni addictorum ecclesiasticum. Auctore **Nathanaele Schuler**, pastore Mediensi. Anno 1771. Papier, quart, Halblederband. Derselbe enthält auf Seite: 1—221 das Ius Saxonum ecclesiasticum, von verschiedenen Händen im 18. Jahrhundert geschrieben; 223—249 Appendix zum Ius Saxon. ecclesiast., geschrieben von Matth. Lang; 253 bis 266 Leges ecclesiasticae personas ecclesiastico foro subiectas concernentes et quidem leges pastorum et diaconorum generales; 269—292 Subsidium pastorum in Transilvania Saxonicorum nationale re vera onus esse contributionale paucis mediantibus observationibus demonstratum dedit Georgius Ieremias Haner, anno 1755; 293—311 Index zum Ius Sax. ecclesiasticum. 269—311 von verschiedenen Händen im 18. Jahrhundert geschrieben. Die Handschrift ist aus dem Nachlass Johann Karl Schullers († als Statthaltereirath i. R. zu Hermannstadt 10. Mai 1865) im Jahre 1879 in das Archiv gelangt.

Ius Saxonum Transilvanorum Augustanae confessioni addictorum ecclesiasticum descriptum anno 1770 per **Matthiam Pilder**. Papier, 302 Seiten, quart. Halbpergamentband. Mit Index auf Seite 290—302. Die Handschrift, welche eine Abschrift von Seite 1—266 der vorhergenannten Handschrift ist, wurde von Pilder (in den Jahren 1769 bis 1803 Pfarrer in Kelling) am 30. September vollendet. Derselbe hat auch den Index aus Seite 297—311 der Vorlage abgeschrieben.

Acta synodalia. Geschrieben von **Karl Schwarz** († als Pfarrer zu Holzmengen 11. Januar 1874). 2 Bände. 1. Band, 269 Blätter, enthält Blatt: 2—18' Index actorum articulorumque synodalium; 20—39' verschiedene Abschriften von Urkunden, welche sich auf die Kirche beziehen, aus den Jahren 1351—1526; 40—267 Synodalakten aus den Jahren 1545—1620. 2. Band, 228 Blätter, enthält Blatt: 2—227 Synodalakten aus den Jahren 1621—1744. Quart, Halbpergamentbände. Seit dem Jahre 1880 aus Schwarz' Nachlass im Archiv.

Handschrift des **Johann Simonius** (wird 1650 Hermannstädter Stadt- und Provinzialnotarius, war später Provinzialbürgermeister, † 1669), begonnen von demselben im Jahre 1641 und fast ganz von ihm geschrieben, Papier, 10 nicht nummerirte, dann 83 nummerirte Blätter und 548 Seiten, folio, Pergamentband.

Enthält Blatt: 2—4' Quanta deus beneficia cohorti nostrae, arae et scholae praestiterit, quid ante memoriam patrum, quid patrum et nostro seculo, quid demum sequi possit; 6—10 und (alte Nummerirung) 1—42' Abschrift des Quadripartitum bis einschliesslich die Aufschrift von P. II. Tit. 30, das ist Titulus XXX. auf Seite 130 der Ausgabe: Quadripartitum opus iuris consuetudinarii regni Hungariae. Zagrabiae. Typis caesareo regiae privilegiatae typographiae Novoszelianae 1798. Quart.

45—46' Abschrift der Andreanum (1224); 48'—51' Urkunde Fürst Gabriel Bethlens von 1616 für das Kisder und Kosder Kapitel; 52—54', 55'—56, geschrieben um das Jahr 1750 von Johann Michael Philipp von Hoffnungswald, Adjunkt des Hermannstädter Iudikates. Supplicatio Johannis Roth, iudicis regii Cibiniensis anno 1552 regiae maiestati praesentata, Brief des Waizener Bischofs Michael Friedrich von Althann von 1731, Hofdekret vom 6. April 1698 und Gubernialdekret vom 24. März 1724 über das Postwesen in Siebenbürgen; 55 Auftheilung des Aufgebotes von 500 Mann auf die einzelnen sächsischen Kreise und Ausweis über die Besoldung der Hermannstädter Stadt- und Stuhlsbeamten; 57'—58' Porten-Verzeichniss der siebenbürgischen Municipien aus den Jahren 1662, 1663 und 1665; 59—70 Specificatio salariorum ac redituum officialium Saxonicorum anno 1747, geschrieben vom genannten J. M. Philipp v. Hoffnungswald; Blatt 71—77, 83, dann Seite 1—41, 43, 44, 56—60, 66, 67, 98—128, 132—136, 346—349 Formeln für Briefe und Urkunden, Titulaturen, Eidesformeln; Blatt 82' Testament Joh. Heinr. Altstedii, Weissenburg 25. November 1638; Seite 42 Ordnung der Hermannstädter Leichenträger vom 15. April 1637; 45 Urkunde Fürst Steph. Bathoris von 1583 betreffend das Haus der Stadt Hermannstadt in Weissenburg; 46 Inventarium typographiae Cibiniensis 1621; 54—55 zwei Urkunden aus dem Jahr 1650 betreffend die sächsische Kirche und Schule; 61—66, 67—70 Urkunden der sächsischen Nationsuniversität aus den Jahren 1608, 1557, 1559, 1608 betreffend Seiburg und Kievern, Waldhütten und Halvelagen, Reichersdorf, Stolzenburg und Haschagen; 71 Urkunde König Ladislaus' von 1453 betreffend die Schenkung von Talmesch an die sieben Stühle; 72 Urkunde der sieben Stühle von 1553 betreffend Hamlesch; 75—90, 93 Aufzeichnungen über Zahlhäuser, Beamtenbesoldungen und Steuern im Sachsenland im 16. und 17. Jahrhundert; 90—92 Regeln für die Hermannstädter Stadtmusikanten aus dem Jahre 1598, renovirt 1631; 94 Urkunde des Fürsten Sigmund Bathori von 1592 betreffend die reformirte Kirche im Szeklerstuhl Maros; 94—96 Urkunden von Christoph Bathori für die Heltauer Zimmerleute und Georg Rakoci von 1641 für Johann Heinrich Bisterfeld; 137—138 Eidesformeln des Hermannstädter Physikus und Apothekers von 1655 bez. 1653; 139—140 Eingabe der siebenbürgischen Stände an Kaiser Ferdinand II. vom 26. Mai 1619; 142—143, 130 Instruktion des Hermannstädter Marktrichters aus dem Jahr 1662; 144—165, 168—171 Reden des Hermannstädter Königsrichters Albert Huet, gehalten im Hermannstädter Gymnasium 28. März 1602, zu Klausenburg am 30. März 1601 und zu Weissenburg am 10. Juni 1591; 172—177 Modi et conditiones quibus hybernatio principi Gabrieli Bethlen in civitate Cibiniensi conceditur 1614; 179—181 Articuli visitationis ecclesiarum Saxonicalium 1617; 181—183 zwei Briefe des evang. Bischofs Christian Baarth und des Fürsten Georg Rakoci aus dem Jahr 1649; 184 Brief der Susanna Lorantfy von 1651; 191—195 Urkunden, des Achatius Barcsai von 1658, der sächsischen Nationsuniversität von 1613, G. Rakoci's von 1642, Notata de quarta decimarum pastorum Saxonicalium von 1614 (siehe S. 309); 195—198 De pastorum Saxonicalium currubus, equis, agazonibus tempore bellicae expeditionis ab iisdem praestari solitis 1567—1655; 205—206 Visitatio particularis 1667; 215 Urkunde König Ladislaus' von 1453 betreffend Bulkesch und Seiden; 216 Notiz über die Richtung eines Verurtheilten (geschrieben von J. M. Philipp v. Hoffnungswald); 217—218 Beschluss der sächsischen Nationsuniversität von 1613; 221—222 Reskript K. Josephs vom 26. November 1710 an Andreas Teutsch, womit dieser als Hermannstädter Königsrichter bestätigt wird; 224—226 Reskript der K. Maria Theresia vom 8. Oktober 1751 über die Beamtenwahl; 309 De quarta decimarum pastorum Saxonicalium 1615; 330—342 Visitationsartikel von 1616, dann einzelne Synodalbeschlüsse aus dem 16. und 17. Jahrhundert; 350—356 Beschlüsse der sächsischen Nationsuniversität aus den Jahren 1590—1614; 359—361 Artikel der geistlichen und weltlichen Universität von 1607; 362—364 Postulata und Conditiones anlässlich der Hermannstädter Pfarrer-Wahlen in den Jahren 1642, 1648 und 1661; 365—369 Articuli statutorum capituli Cibiniensis ex veteribus legibus Thomae Armenii (um 1450) excerpti; 370—371 Leges ministrorum et ludirectorum capituli et sedis Cibiniensis; 372 bis 376 und 382—387 Statuta scholae Cibiniensis von 1598 (Gedruckt: Dr. Friedrich Teutsch, Archiv des Vereins für siebenbürgische Landeskunde N F. XVII. 104 ff.); 377—381 Statuten des Kisder und Kosder Kapitels, Urkunde Königs Johann II. Zapolya von 1570 für die sächsische Geistlichkeit; 388—487 und 490 Jurisprudentia ecclesiastica sive fundamenta iurisdictionis ecclesiasticae externae Saxonum in Transylvania inde a reformationis ecclesiarum ac religionis tempore observatae sub reservationis cauterio contradicentium succincta methodo comprehensa et in usum privatum collecta industria D. H. M. (Davidis Hermann, Mediensis), aucta et quibusdam in capitibus modeste limitata a Ioanne Simonio 1655 mense Junio; 488—490 De variis titulis epistolarum curialium seu forensium; 534 Bestätigung des Hermannstädter Kapitels über den Empfang einer Zehntquarte 1704, dann 536 Beschluss des Hermannstädter Magistrates von 1705 über die Aufnahme von Verlassenschaften (Theilungen) auf Dorfgemeinden, beides nicht von Johann Simonius, gleichzeitig geschrieben; auf dem Hinterdeckel Aufzeichnungen aus dem Jahre 1650 über das Amt des Hermannstädter Stadt- und Provincialnotarius. Die Handschrift (vergleiche Blatt 1 derselben) ist aus dem Nachlass des Ministerialrathes Andreas Wilhelm Conrad Freiherrn von Konradsheim († 26. März 1885) am 6. April 1885 in das Archiv gekommen.

Sammelband: **Varia 1.** Papier, 168 beschriebene und einige leere Blätter, quart, Halbpergamentband. Derselbe enthält Blatt: 1—51' Ruina Transilvaniae opera fideli Davidis Herrmanni pastoris Wurmlochensis († 1682). Geschrieben im 18. Jahrhundert.

55—70 Johann Stanislaus Grotovski, ehemal. Königsrichters zu Broos in Siebenbürgen Tagebuch seiner Reisen, von 1715 bis 1720. Geschrieben von Johann Seivert († 1785 als Pfarrer zu Hammersdorf). Ein Theil des Tagebuches ist gedruckt im Ungrischen Magazin III. 301—319.

71—103 Denkwürdigkeiten zur Geschichte der Sachsen in Siebenbürgen aus bewährten Urkunden herausgezogen. (Behandelt den Zeitraum von der Einwanderung der Sachsen bis 1753). Vollendet 6. August 1772.

105—125 Eingabe des Hermannstädter Stadtpfarrers Daniel Filtsch im Namen der sächsischen Geistlichkeit an K. Maria Theresia betreffend den Zehnten. Unvollständig abgedruckt in Siebenbürg. Quartalschrift V, 33—51, 115—131.

126—153' Vermehrte und verbesserte Kalenderchronik nach bewährten Schriftstellern (von vorchristlicher Zeit bis zum Jahre 1774). Vollendet im October 1783.

153—154' Alboin und Rosemunde, ein Volkslied im Geschmack der Lövischen Romanzen. Geschrieben Ende des 18. Jahrhunderts.

157—168 Die Hora'schen Unruhen 1784—1785 und die Lage der Unterthanen in Siebenbürgen im Allgemeinen.

Johannis Georgii Vette annales reipublicae Cibiniensis. Papier, 295 Seiten. folio. Halblederband. Die Handschrift war ursprünglich stärker, indem vorne einige Lagen Blätter herausgenommen worden sind. Sie enthält Seite: 1—10 Annales von 1711—1716; 35—37 Anfang von Johann Kinders handschriftlicher Arbeit: De comitibus Romanis, Germanis et Hungaricis antiquis; 51—52 Excerpta annalium 1567—1661; 89—98 Annales 1690—1705, bis hierher alles von Vette's Hand (war im Jahre 1717 Vicenotär des Hermannstädter Magistrates, 1720—1728 Notär, † 1746); 149—154 Lessus Transylvaniae sortis suae vicissitudinem deplorantis anno 1690 (lateinisches Gedicht); 154—157 Atrophias politicae corporis Saxo-Transsilvanici causa von Johann Sachs von Harteneck (von andrer Hand des 18. Jahrhunderts); 157—160 Universitätsbeschluss aus dem Jahre 1699; 161—162 Magistratssitzungsprotokoll von 1703; 163—164 Christiana reflexio super mortem Mikessianam (Michael Mikes, Oberkapitän in Haromszek, † im December 1721); 177—205 Diploma Leopoldinum vom 4. November 1691, Instructionen und Eidesformeln für den siebenbürgischen Gubernator, Kanzler, General, Thesaurarius, dann für die Gubernialräthe vom 29. April 1693, Resolutio Alvincziana vom 14. Mai 1693; 207—211 Ortschaftszählung, Bemerkungen über die Steuervertheilung auf die drei ständischen Nationen Siebenbürgens; 213—240 Constitutiones et Statuta reipublicae Cibiniensis (von 1698). zum Theil von Vette geschrieben; im Uebrigen waren von Seite 149 an bis hierher verschiedene Hände des 18. Jahrhunderts thätig; 253—263 Bruchstück eines Hermannstädter Beamtenverzeichnisses im 16. und 17. Jahrhundert, angelegt von Vette.

VI. Repertorien.

Ueber die Urkunden des Mittelalters bis einschliesslich das Jahr 1500 besitzt das Archiv neue Repertorien aus der Feder des Archivars Wilhelm Wenrich, nämlich vier Bände „Grundrepertorium" und zwei Bände „Realrepertorium". An der Fortsetzung beider Repertorien wird gearbeitet.

Das Grundrepertorium weist den Besitzstand des Archives aus und dient den beiden Eigenthümern desselben als Inventar ihres Eigenthums. Es enthält in chronologischer Folge die Regesten der Urkunden, so zwar, dass jeder Urkunde, mag sie als Original, Kopie, Insert oder nur als Regest im Archiv vertreten sein, mindestens ein besonderes Blatt gewidmet ist. Dieses Blatt bietet folgende Angaben: Datum auf unseren Kalender zurückgeführt, archivalische Signatur, Regest, Originaldatirung, Bemerkung über die Sprache; Angaben über die Art der Ueberlieferung (ob Original, Kopie, Insert?), Stoff, Siegel, eventuell Nennung der im Stück enthaltenen Inserte und jener Urkunden des Archives, in welchen die vorliegende eingeschaltet erscheint. Der Inhalt des Grundrepertoriums ist wiederholt auf den Papierhüllen, in welche die Urkunden eingelegt sind. Jede Urkunde ist mit der archivalischen Signatur versehen.

Das Realrepertorium ermöglicht die leichte Benützung des urkundlichen Materials, indem in demselben sämmtliche in den Urkunden aus den Jahren 1203 (aus diesem Jahre ist die älteste, in einem späteren Stück erwähnte Urkunde datirt) bis 1500 vorkommenden Personen- und Ortsnamen und wichtigen sachlichen Schlagwörter alphabetarisch verzeichnet sind, so dass alle Urkunden, in der eine bestimmte Person oder ein bestimmter Ort vorkommen, ferner welche einen und denselben Gegenstand betreffen, unter jenem Personen- oder Ortsnamen oder sachlichen Schlagwort zusammen aufgeführt werden.

Die alten Repertorien, 3 Foliobände, sind im 18. Jahrhundert ausgearbeitet und im laufenden Jahrhundert von Friedrich Michael Herbert (seit 1825) mit Nachträgen versehen worden. Dieselben umfassen die Urkunden der Jahre 1292—1600, 1601—1700 und die sogenannte Collectio posterior aus dem 15.—17. Jahrhundert. Sämmtliche Stücke sind hierin chronologisch in Regestenform verzeichnet und ausserdem nach den wichtigsten Schlagwörtern in alphabetischer Ordnung zusammengestellt.

Für die Benützung der Aktenabtheilung bieten die betreffenden „Indices" und ausserdem die beiden Aktenrepertorien über die Jahrgänge 1751—1770 und 1771—1786 die nöthigen Behelfe.

VII. Gesetzbücher.

Statuta iurium municipalium Saxonum in Transsilvania (das „Statutarrecht" der Siebenbürger Deutschen). Orig. Perg. 42 Blätter, Siegel angehängt, von König Stephan als Fürst von Siebenbürgen bestätigt zu Krakau den 18. Februar 1583.

Das Statutar-Gesetzbuch der Siebenbürger Deutschen (Sachsen) im lateinischen und deutschen Texte mit comparativen Parallelnoten von Friedrich Schuler von Libloy. Hermannstadt 1856. 8.

Approbatae constitutiones regni Transylvaniae et partium Hungariae eidem annexarum ex articulis ab anno millesimo quingentesimo quadragesimo ad praesentem huncusque millesimum sexcentesimum quinquagesimum tertium conclusis compilatae; ac primum quidem per dominos consiliarios revisae tandemque in generali dominorum regnicolarum ex edicto celsissimi principis domini domini Georgii Rakoci, dei gratia principis Transylvaniae partium regni Hungariae domini et Siculorum comitis etcetera domini eorum clementissimi in civitatem Albam Iuliam ad diem decimum quintum mensis Ianuarii anni praesentis congregatorum conventu publice relectae intermixtis etiam constitutionibus sub eadem diaeta editis. Varadini, apud Abrahamum Kertesz Szenciensem. MDCLIII.

Compilatae constitutiones regni Transylvaniae et partium Hungariae eidem annexarum. Ex articulis ab anno millesimo sexcentesimo quinquagesimo quarto ad praesentem huncusque millesimum sexcentesimum sexagesimum nonum conclusis excerptae. Claudiopoli. Apud Michaelem Szentyel Veres-Egyhazi. MDCLXXI. 4. Mit den Approbatae constitutiones in einen Band gebunden. (Ausserdem sind beigebunden: die Weissenburger Landtagsartikel von 1642 und 1669, siehe oben Seite 42 und 44.)

Approbatae constitutiones regni Transylvaniae et partium Hungariae eidem annexarum ... Claudiopoli, impressit: Michael Szentyel Veresegyhazi. MDCLXXVII. 4.

Corpus iuris Hungarici seu decretum generale inclyti regni Hungariae partiumque eidem annexarum tomus primus continens opus tripartitum iuris consuetudinarii eiusdem regni auctore Stephano de Werböcz ac decreta, constitutiones et articulos serenissimorum et apostolicorum regum ac inclytorum statuum et ordinum regni Hungaria partiumque eidem annexarum a sancto Stephano usque ad Ferdinandum III. inclusive (1655) in publicis eorundem comitiis conclusos et editos. Budae, typis et sumtibus typographiae regiae universitatis Hungaricae MDCCCXXII.

Dasselbe: Tomus secundus continens decreta, constitutiones et articulos serenissimorum et apostolicorum regum ac inclytorum statuum et ordinum regni Hungariae partiumque eidem annexarum a Leopoldo magno (1659) usque ad moderna tempora in publicis eorundem comitiis conclusos et editos, cum indice omnium decretorum locupletissimo seu cynosura iurisperitorum exactissima. Quibus accedunt praxis criminalis, Kitonich directio methodica, eiusdem centuria dubietatum, articuli tavernicales, processus curiae regiae militaris, variae iurandi formulae, diversae regulae iuris antiqui Hungarici et canonici, catalogi regum, comitatuum, archiepiscoporum et palatinorum et demum regulamentum militare. Ebendaselbst. MDCCCXXII. Folio.

Reichsgesetzblatt für das Kaiserthum Oesterreich. Jahrgang 1849 bis einschliesslich 1868. Wien. 4.

Jeder Jahrgang ist in einen Band gebunden.

Landesgesetz-Sammlung (Ungarns und seiner Nebenländer) für die Jahre 1865 67 und 1868. Zweite verbesserte amtliche Ausgabe. Pest 1872. 8.

Landesgesetz-Sammlung für das Jahr 1869. Amtliche Ausgabe. Pest 8. Mit der vorhergehenden Ausgabe in einen Band zusammengebunden.

Landesgesetz-Sammlung für die Jahre 1870 bis einschliesslich 1885. Amtliche Ausgabe. Pest, von 1873 an Budapest. 8. Je zwei Jahrgänge sind in einen Band zusammengebunden.

VIII. Handbibliothek.

Archiv des Vereins für siebenbürgische Landeskunde. 4 Bände. Hermannstadt und Kronstadt 1843—1850. 8⁰.

Archiv des Vereins für siebenbürgische Landeskunde. Neue Folge. 1.—9. Band Kronstadt 1853—1870. 10.—20. Band Hermannstadt 1872—1886. 8⁰.

Ballagi, Moritz Dr. Neues vollständiges Wörterbuch der deutschen und ungarischen Sprache. 4. Auflage. 2 Bände. Budapest 1875 bis 1877. 8⁰.

Bartal, Georgii, commentariorum ad historiam status iurisque publici Hungariae aevi medii libri XV. Posonii 1847. 3 Theile in einem Band. 8⁰.

Bauer, der siebenbürgisch-sächsische. Hermannstadt 1873. 8⁰.

Beiträge und Aktenstücke zur Reformationsgeschichte von Kronstadt. Kronstadt 1865. 8⁰.

Beiträge zur Kenntniss Sächsisch-Reen's. Hermannstadt 1870. 8⁰.

Benigni von Mildenberg und Neugeboren. Transsilvania. Periodische Zeitschrift für Landeskunde. 3 Bände. Hermannstadt 1837—1838. 8⁰.

Bericht der Handels- und Gewerbekammer in Kronstadt über die Gewerbe-, Handels- und Verkehrsverhältnisse ... für die Jahre 1878 und 1879. Kronstadt 1882. 8⁰.

Bielz, E. A. Transsilvania. Wochenschrift für siebenbürgische Landeskunde. Literatur ... 3 Jahrgänge. Hermannstadt 1861 bis 1863. 8⁰.

Brinckmeier, E. Dr. Glossarium diplomaticum. 2 Bände. Gotha 1856—1863. 4⁰.

Bruckner, Wilhelm, Beleuchtung der dem hohen Abgeordnetenhause in Pest überreichten Denk-Schrift der angeblich zum Königs-Boden gehörigen Gemeinden der sogenannten Filialstühle Szelistye und Talmatsch wegen Regelung ihrer staatsrechtlichen Verhältnisse. Hermannstadt 1869. 8⁰.

Burkhardt. H. A. C. Correspondenzblatt der deutschen Archive. 3 Jahrgänge. Leipzig 1878—1881. 8⁰.

Calendarium novum et vetus ad annum vulgarem MDCCCXXXV ... Addito schematismo dicasteriorum et officialium status provincialis, militaris, cameralis et ecclesiastici in magno principatu Transsilvaniae. Claudiopoli, typis lycei regii. 8.⁰

Catalogus bibliothecae Hungaricae Francisci com. Szechenyi. 2 Bände. Sopronii 1799. 8⁰.

Dazu Index. 2 Bände. Pestini 1800 und Posonii 1803. 8⁰.

Catalogus numorum Hungariae ac Transsilvaniae instituti nationalis Szechenyiani. 2 Bände. Pestini 1807. 8⁰.

Chassant L. Alph. Dictionnaire des abbréviations latines et françaises du moyen âge. 4. Auflage. Paris 1876. 8⁰.

Codex diplomaticus domus senioris comitum Zichy de Zich et Vasonkeő. 4 Bände. Pestini 1871—1878. 8⁰.

Codex diplomaticus patrius. 7 Bände. Jaurini, später Budapestini 1865—1880. 8⁰.

Eder, Car. Jos., De initiis iuribusque primaevis Saxonum Transsilvanorum commentatio. Viennae 1792. 4⁰.

Fabritius, Karl. Erdélynek Honter János által készitett térképe. (Die durch Johannes Honterus angefertigte Karte von Siebenbürgen.) Budapest 1878. 8⁰.

Fabritius K., Urkundenbuch zur Geschichte des Kisder Kapitels. Hermannstadt 1875.

Favre, L., Glossarium mediae et infimae latinitatis conditum a Carolo du Fresne domino du Cange. 1. bis 6. Band (bis Q). Niort 1883—1886. 4⁰.

Fejérpataky, L., Magyarországi városok régi számadáskönyvei. (Alte Rechnungsbücher ungarischer Städte.) Budapest 1885. 8⁰.

Ficker, Dr. J., Beiträge zur Urkundenlehre. 2 Bände. Innsbruck 1877 - 1878. 8".

Firnhaber, Fr., Beiträge zur Geschichte Ungarns unter der Regierung der Könige Wladislaus II. und Ludwig II. Wien 1849. 8⁰.

Fontes rerum Austriacarum siehe Teutsch und Firnhaber.

Franz Josef I. Manifeste aus den Jahren 1848 und 1849. 8⁰.

Friedemann, F. T., Zeitschrift für die Archive Deutschlands. 2 Bände. Gotha 1846—1853. 8⁰.

Friedenfels, E. von, Joseph Bedeus von Scharberg. Beiträge zur Zeitgeschichte Siebenbürgens im 19. Jahrhundert. 2 Bände. Wien 1876—1877. 8⁰.

Frommann, G. K., Schmeller bayerisches Wörterbuch. 2 Bände. München 1872—1877. 4⁰.

Furttenbach, J., Beschreibung einer neuen Büchsenmeisterey. Ulm 1627. 4⁰.

Géresi, K. Codex diplomaticus comitum Károlyi de Nagy-Károlyi. 3 Bände. Budapest 1882—1885. 8⁰.

Gross, Julius. Kronstädter Drucke 1535—1886. Kronstadt 1886. 8⁰.
Grotefend, Dr. H., Handbuch der historischen Chronologie. Hannover 1872. 4⁰.
Haan, A. L. Diplomatarium Bekessiense. 2 Theile. Pest 1870 bis 1877. 8⁰.
Haltrich-Wolff, Zur Volkskunde der Siebenbürger Sachsen. Wien 1885. 8⁰.
Handbuch für die evangelische Landeskirche Augsb. Bek. im Grossfürstenthum Siebenbürgen. Wien 1857. 8⁰.
Haner, G. J., Das königliche Siebenbürgen. Erlangen 1763. 4⁰.
Hazai oklevéltár (Vaterländische Urkundensammlung) 1234 bis 1536. Budapest 1879. 8⁰.
Herbert, Heinrich. Beiträge zur Geschichte von Schule und Kirche in Hermannstadt zur Zeit Karl VI. Hermannstadt 1877. 8.
Herbert, Heinrich, Die Reformation in Hermannstadt etc. Festschrift zur Lutherfeier. Hermannstadt 1883. 4⁰.
Herbert, H., Repertorium über einen Theil der Siebenbürgen betreffenden Literatur. Hermannstadt 1878. 8⁰.
Herbert, H., Die Gesundheitspflege in Hermannstadt bis zum Ende des 16. Jahrhunderts. Hermannstadt 1885. 8⁰.
Hermann, Friedrich, und Gusbeth, Christof, Die Grabdenksteine in der Westhalle der evang. Stadtpfarrkirche in Kronstadt. Kronstadt 1886. 4⁰.
Hermannstadt, Gassen- und Häuserverzeichniss, nebst Karte der Stadt (Hermannstadt 1875) auf Leinwand.
Hermannstadt und Umgebung. Festschrift der Stadt Hermannstadt zur Erinnerung an die Vereinstage 1884. Hermannstadt 1884. 8⁰.
Hintz, Joh. Geschichte des Bisthums der griechisch-nichtunirten Glaubensgenossen in Siebenbürgen. Hermannstadt 1850.
Hof- und Staats-Handbuch des Kaiserthumes Oesterreich für das Jahr 1856. Wien. 8⁰.
Dasselbe für das Jahr 1866. Wien. 8⁰.
Hof- und Staatshandbuch der österreichisch-ungarischen Monarchie für das Jahr 1874.
Dasselbe für das Jahr 1880. Wien. 8⁰.
„   „   „   „   1885.   „   8⁰.
Höfer, Erhard und v. Medem, Zeitschrift für Archivkunde. 2 Bände. Hamburg 1834—1836. 8⁰.
Hübner, Joh., Natur-, Kunst-, Berg-, Seewerk- und Handlungs-Lexikon. 5. Auflage. Leipzig 1727. 4⁰.
Hübner, Joh., Staats-, Zeitungs- und Conversations-Lexikon. 12. Auflage. Leipzig 1727. 4⁰.

Jahresberichte des Vereins für siebenbürgische Landeskunde. 1876—1886.
Kemény, C. Joseph, Deutsche Fundgruben der Geschichte Siebenbürgens. 2 Bände. Klausenburg 1839—1840. 8⁰.
Kemény, C. Jos.. Notitia historico-diplomatica archivi et literalium capituli Albensis Transsilvanae. Cibinii 1836. 2 Theile. 8⁰.
Klotz. R.. Handwörterbuch der lateinischen Sprache. 4. Auflage. 2 Bände. Braunschweig 1866. 8⁰.
Knauz, F., Kortan (Chronologie). Budapest 1876. 4⁰.
Knauz, F.. Monumenta ecclesiae Strigoniensis. 2 Bände. Strigonii 1874—1882. 4⁰.
Kopp. U. F.. Bilder und Schriften der Vorzeit. 2 Bände. Mannheim 1819—1821. 8⁰.
Kopp, U. F.. Schrifttafeln aus dem Nachlass von, ergänzt und herausgegeben von Th. Sickel. Wien 1868.
Korrespondenzblatt des Vereins für siebenbürgische Landeskunde. 1. bis 9. Jahrgang. 1878—1886. Hermannstadt 8⁰.
Krasser, David, Geschichte des sächsischen Dorfes Grosspold. Hermannstadt 1870. 8⁰.
Kraus. G.. Siebenbürgische Chronik. 2 Bände. Wien 1862—1864. 8⁰.
Kubinyi. Ferencz, Codex diplomaticus Arpadianus. Árpádkori oklevelek. 1095—1301. Pest 1867. 8⁰.
Kurz. A.. Magazin für Geschichte. Literatur und alle Denk- und Merkwürdigkeiten Siebenbürgens. 2 Bände. Kronstadt 1844 bis 1846. 8⁰. — 3. Band 1. Heft (nicht mehr erschienen) herausgegeben von Joseph Trausch. Kronstadt 1852. 8⁰.
Kurz. Anton, Nachlese auf dem Felde der ungarischen und siebenbürgischen Geschichte. 2 Hefte. Kronstadt 1840. 8⁰.
Landesarchiv. A m. k. országos levéltára vonatkozó máig érvényes törvények és rendeletek. (Die das königlich ungarische Landesarchiv betreffenden, bis heute geltenden Gesetze und Verordnungen.) Budapest 1884. 8⁰.
Dasselbe in französischer Sprache.
Lindner, Dr. G. Das Feuerlöschwesen der Stadt Hermannstadt. Hermannstadt 1875. 8⁰.
Löher, Dr. Franz von, Archivalische Zeitschrift. 1.—10. Jahrgang. Stuttgart, später München 1876—1885. 8⁰.
Marienburg. Lucas Joseph, Geographie des Grossfürstenthums Siebenbürgen. 2 Bände. Hermannstadt 1813. 8⁰. (In einen Band gebunden.)
Melly, E., Beiträge zur Siegelkunde des Mittelalters. Wien 1850. 4⁰.
Meltzl, Dr. O. von, Das alte und neue Kronstadt von George Michael Gottlieb von Herrmann. 1. Band Hermannstadt 1883. 8⁰.

Militär-Schematismus des österreichischen Kaiserthums. Wien 1858. 8⁰.

Mittheilungen des Institutes für österreichische Geschichtsforschung. 1. bis 6. Jahrgang. Innsbruck 1880—1886. 8⁰. Dazu 1. Ergänzungsband. Innsbruck 1885. 8⁰.

Monumenta Hungariae iuridico-historica. Corpus statutorum Hungariae municipalium. Tomus I. Statuta et constitutiones municipiorum Transylvaniae ab antiquissimis temporibus usque ad finem seculi XVIII. Budapestini 1885. (Auch mit magyarischem Titel. Herausgeber Dr. Alexander Kolosvári und Clemens Óvári. Verlag der ungarischen Akademie.) 8⁰.

Monumenta Hungariae historica. Történelmi emlékek. Kiadja a magyar tudományos akadémia történelmi bizottsága. (Herausgegeben von der historischen Kommission der ungarischen Akademie der Wissenschaften.) 8⁰.

1. Okmánytárak (Diplomataria). 26. Bände. Pest 1857 bis 1882. Dazu: Codex diplomaticus Hungaricus Andegavensis ed. Nagy. 4 Bände. Budapest 1879—1884.

2. Írók (Scriptores.) 32 Bände. Pest 1857—1882.

3. Országgyűlési emlékek (Monumenta comitialia). Monumenta comitialia regni Hungariae ed. W. Fraknói, vom 9. Band angefangen mit A. Károlyi. 9 Bände. Budapest 1874—1885.

Monumenta comitialia regni Transylvaniae ed. Alex. Szilágyi. 10 Bände. Budapest 1876—1884.

4. Diplomacziai emlékek (Acta extera). (Aus der Zeit der Anjou's). Herausgegeben von Gustav Wenzel. 3 Bände. Budapest 1874—1876.

(Aus der Zeit Königs Mathias). Herausgegeben von Ivan Nagy und Baron Albert Nyáry. 4 Bände. Budapest 1875—1878.

Oesterley, Hermann, Wegweiser durch die Literatur der Urkunden-Sammlungen. 2 Bände. Berlin 1885—1886. 8⁰.

Payer, H., Bibliotheca carpatica. Käsmark 1880. 8⁰.

Photographien von Urkunden aus siebenbürgisch-sächsischen Archiven. Herausgegeben von dem Archivamt. (27 Tafeln.) Hermannstadt 1879. Dazu: Texte... Herausgegeben von Franz Zimmermann, Hermannstadt 1880. 8⁰.

Programm des evangelischen Gymnasiums A. B. in Kronstadt. 1877. 4⁰.

Protokolle des sächsischen National-Confluxes (Nations-Universität) siehe oben Seite 35 ff.

Protokolle des Vereins für siebenbürgische Landeskunde. 3 Hefte. 1840—1846. 4⁰.

Provinzialblätter. Siebenbürgische. 5 Jahrgänge. Hermannstadt 1805—1824. 8⁰.

Quellen zur Geschichte Siebenbürgens aus sächsischen Archiven. 1. Band. Rechnungen aus dem Archiv der Stadt Hermannstadt und der sächsischen Nation. Hermannstadt 1880. 8⁰.

Quellen zur Geschichte der Stadt Kronstadt in Siebenbürgen. 1. Band. Rechnungen aus dem Archiv der Stadt Kronstadt. Kronstadt 1886. 8⁰.

Recueil de fac-similés al'usage de l'école des chartes. 3 Bündel. Paris 1880—1883.

Reissenberger, Ludwig. Die evangelische Pfarrkirche A. B. in Hermannstadt. Hermannstadt 1884. 4⁰.

Reissenberger Ludwig, Die siebenbürgischen Münzen im Baron Brukenthal'schen Museum. Hermannstadt 1878—1882. 4⁰.

Salzer, Joh. Mich., der königliche freie Markt Birthälm in Siebenbürgen. Wien 1881. 8⁰.

Schiel, Albert. Die Siebenbürger Sachsen. Prag 1886. 8⁰.

Schlözer, A. L., Kritische Sammlungen zur Geschichte der Deutschen in Siebenbürgen. 3 Stücke in einem Band. Göttingen 1795—1797. 8⁰.

Schuler von Libloy, Friedrich, Materialien zur siebenbürgischen Rechtsgeschichte. Hermannstadt 1862.

Schuler von Libloy. Friedrich, Siebenbürgische Rechtsgeschichte. Hermannstadt 1867—1868. 3 Bände. 1. und 2. Band in 2. Auflage. Dazu Anhang: Das Statutargesetzbuch der Siebenbürger Deutschen. Hermannstadt 1856. 8⁰.

Schuller J. K. Archiv für die Kenntniss von Siebenbürgens Vorzeit und Gegenwart. 1. (einziger) Band. Hermannstadt 1841. 8⁰.

Schuller J. K., Die Verhandlungen von Mühlbach im Jahre 1551 und Martinuzzis Ende. Hermannstadt 1862. 8⁰.

Seivert, Johann, Nachrichten von siebenbürgischen Gelehrten und ihren Schriften. Pressburg 1785. 8⁰.

Seiwert, G., Die Stadt Hermannstadt. Hermannstadt 1859.

Seiwert, G., Hermannstädter Lokalstatuten. Hermannstadt 1869.

Seiwert Gustav, Akten und Daten über die gesetzliche Stellung und den Wirkungskreis der sächsischen Nationsuniversität. Hermannstadt 1870. 8⁰.

Sickel, Th., Acta regum et imperatorum Karolinorum. 2 Bände. Wien 1867. 8⁰.

Sickel, Th., Das Lexikon Tironianum der Göttweiger Stiftsbibliothek. Wien 1861. Diesem beigeklebt:

Sickel, Th., Die Lunarbuchstaben in den Kalendarien des Mittelalters. Wien 1862.

Sickel Th., Beiträge zur Diplomatik VII. Wien 1879. 8⁰.

Sickel Th., Beiträge zur Diplomatik VIII. Wien 1882. 8⁰.

Siebenbürgen, Generalkarte des Grossfürstenthums und der im Jahre 1861 mit dem Königreiche Ungarn vereinigten Theile ausgeführt und herausgegeben durch das k. k. militärisch-geographische Institut im Jahre 1863. 4 Blätter auf Leinwand gezogen, in Carton.

Spruner-Menke, Handatlas, Ungarn, Karten Nro. 73—75. 3 Karten auf Leinwand in Mappe. Dazu ein Bogen Text.

Sybel. H. v. und Th. Sickel, Kaiserurkunden in Abbildungen. 1.—7. Lieferung. Berlin 1880—1885.

Szabó, K., Székely oklevéltár (Székler Urkundensammlung). 2 Bände. Klausenburg 1872—1876. 8⁰.

Szilágyi, S.. Nádasdy Tamás. Budapest 1876. 8⁰.

Szilágyi, S., A Linzi béke okirattára (Urkundensammlung des Linzer Friedens). Budapest 1885. 8⁰.

Szinnyei, J., Hazai és külföldi folyóiratok magyar tudományos repertóriuma. Történelem és annak segédtudományai. (Ungarisches wissenschaftliches Repertorium der vaterländischen und ausländischen Zeitschriften. Geschichte und deren Hülfswissenschaften.) 2 Bände. Budapest 1874—1885. 8⁰.

Tagányi, K., Jegyzéke az országos levéltárban a magyar és erdélyi udvari kanczelláriák fölállitásáig található herczegi, grófi, bárói, honossági és nemesi okleveleknek. A magyar kir. országos levéltár kiadása. 1886. 4⁰. (Verzeichniss der im Landesarchiv bis zur Errichtung der ungarischen und siebenbürgischen Hofkanzleien vorfindigen Fürsten-, Grafen-, Baronats-, Indigenats- und Adels-Urkunden, zusammengestellt von Karl Tagányi.)

Teleki J. gróf, A Hunyadiak kora Magyarországon. (Das Zeitalter der Hunyaden in Ungarn). Band X bis XII. (Urkundenbuch.)

Teutsch, G. D., Beiträge zur Geschichte Siebenbürgens unter König Ludwig I. Wien 1850. 8⁰.

Teutsch, G. D., und Firnhaber Fr., Urkundenbuch zur Geschichte Siebenbürgens. 1. Band. (A. u. d. T.: Fontes rerum Austriacarum. 2. Abtheilung XV.) Wien 1857. 8⁰.

Teutsch, G. D., Das Zehntrecht der evangelischen Landeskirche A. B. in Siebenbürgen. Schässburg 1858. 8⁰.

Teutsch, G. D., Urkundenbuch der evangelischen Landeskirche A. B. in Siebenbürgen. 2 Bände. Hermannstadt 1862—1883. 8⁰.

Teutsch, G. D., Geschichte der Siebenbürger Sachsen für das sächsische Volk. 2. Auflage. 2 Bände. Leipzig 1874. 8⁰.

Theiner, A., Vetera monumenta historica Hungariam sacram illustrantia. 2 Bände. Romae etc. 1859—1860. Fol.

Tkalcic, B. J., Monumenta hist. episcopatus Zagrabiensis. 2 Bände. Zagrabiae 1873—1874. 8⁰.

Trausch, J. Fr. Chronicon-Fuchsio-Lupino-Oltardinum ... 2 Bände. Coronae 1847—1848. 4⁰.

Trausch, Jos., Schriftsteller-Lexikon oder biographisch-literärische Denkblätter der Siebenbürger Deutschen. 3 Bände. Kronstadt, 1868—1871. 8⁰.

Trauschenfels, Dr. Eugen von, Deutsche Fundgruben zur Geschichte Siebenbürgens. (Neue Folge.) Kronstadt 1860 8.⁰.

Verhandlungen und Sitzungsprotokolle der sächsischen Nationsuniversität siehe oben Seite 35 ff.

Verzeichniss der Ortschaften des Grossfürstenthums Siebenbürgen ... Hermannstadt 1862. 8⁰.

Verzeichniss der Kronstädter Zunfturkunden. Kronstadt 1886. 8⁰.

Wattenbach. W., Anleitung zur lateinischen Paläographie. Leipzig 1869. 4⁰.

Wattenbach, W., Das Schriftwesen im Mittelalter. 2. Auflage. Leipzig 1875. 8⁰.

Zieglauer, Ferdinand von, Harteneck. Graf der sächsischen Nation und die siebenbürgischen Parteikämpfe seiner Zeit 1691—1703. Hermannstadt 1869. Dazu Beilagen. Hermannstadt 1872. 8⁰.

Zieglauer F. von, Die politische Reformbewegung in Siebenbürgen in der Zeit Joseph II. und Leopold II. Wien 1881. 8⁰

Zinkernagel, K. F. B. Handbuch für angehende Archivare und Registratoren ... Nördlingen 1800. 4⁰.

IX. Bestimmungen über die Benützung des Archives.

Die Absicht der Benützung des Archives zu wissenschaftlichen oder anderen Privatzwecken ist in dem Archiv (städtisches Rathhaus, Fleischergasse 2) anzuzeigen, worauf von hier aus der erforderliche Erlaubnissschein zur Benützung vermittelt wird. Die Benützung von Archivalien kann nur in dem hierzu bestimmten Archiv-Arbeitszimmer stattfinden, und ist der Gegenstand der archivalischen Studien im vorhinein genau anzugeben.

Für die Benützung des Archives gelten ferner folgende Bestimmungen:

Das Archiv kann täglich mit Ausnahme der Sonn- und Feiertage durch fünf Stunden hindurch benützt werden, und zwar:

in der Zeit vom 1. April bis Ende September von 8—1 Uhr;

in der Zeit vom 1. Oktober bis Ende März von 9—12 Uhr Vormittag und von 3—5 Uhr Nachmittag.

Das Archivamt stellt die nöthige Tinte bei; für alle sonstigen Schreiberfordernisse hat das Publikum selbst Sorge zu tragen. Zur zeitweiligen Aufbewahrung derselben im Archiv-Arbeitszimmer stehen verschliessbare Schubladen zur Verfügung.

Die Handbibliothek des Archives ist nur zur Benützung innerhalb der Archivräume bestimmt.

Die Anwendung irgend welcher Mittel (Reagentien), welche zur Auffrischung der Schrift dienen sollen, ist untersagt. Desgleichen ist verboten, irgend welche Veränderungen (z. B. Einschreiben, Anstreichen einzelner Stellen oder Wörter, Umbiegen von Blättern u. s. f.) an den Archivalien vorzunehmen oder Archivalien als Schreibunterlage zu benützen.

Das Tabackrauchen in jeglicher Gestalt ist in den Archivräumen verboten.